シリーズ
地域の再生 1

地元学からの出発

この土地を生きた人びとの声に耳を傾ける

結城登美雄

農文協

まえがき

人間というものは身近にあるものよりは、遠くに隔ってあるものを価値の対象にしてしまう心性をもっているという。隣の芝生がいつも青く見えてしまったり、幸せは山のあなたの空遠くにあると思い込んでしまう不思議な心理。「近代化」とは、そうした人間心理の上に成り立ってきた。先進地は西欧で日本は遅れている。だから日本をよくするためには西欧化しなければならぬと、舶来品や外来思想をありがたがり、在来の文化を低くみた。とりわけ戦後はアメリカ一辺倒のモダニズムの嵐が吹き荒れ、気がつけば合衆国日本州になってしまっていた。

人びとが生き暮らす地域のとらえ方も同じで、農山漁村は閉鎖的で非効率的で、もっと近代化し都市化しなければならぬと、村の暮らしと営みをゆさぶり続けた。その結果、村を離れて都市へと急ぐ「向都離村」の時代が長期化し、過疎・限界集落といわれるまでになってしまった。

思えば私たちの戦後教育もまた、自然とともに村を生きていくための学びを捨て去り、企業ひしめく都市社会の一員になるための学びばかりになってしまった。競争社会に打ち勝ち、優位のポジションを得るための学び。頭を肥大させ知識を詰め込み、受験、進学、一流企業へ。それが豊かな生活と人生を保証してくれるはずだと、一本道を追いかけてきた。だが、盛者必衰、時代は行き詰まってしまった。気がつけば都市も農村も孤立してバラバラに暮らしていた。当然ながら人はひとりでは生きていけない。人びとは今、来し方をふり返り、失ったものの大きさにたじろぎながら、少しずつ新たなるもうひとつの道を模索し始めている。

遠くで光り輝くものも悪くはあるまいが、今はむしろ、ここにあるものをあらためてていねいに見つめ直してみたい。この土地を生きてきた先人たちは、限られた自然立地条件の中で、どのようにして己が生きる場と暮らしをよくしようと努力してきたのか？　その知恵と工夫は？　いたずらに格差を嘆き、都市とくらべて「ないものねだり」の愚痴をこぼすより、この土地を楽しく生きるための「あるもの探し」。それを私はひそかに「地元学」と呼んでいるのだが、要はこれからの家族の生き方、暮らし方、そして地域のありようを、この土地を生きてきた人びとから学びたいのである。性急に経済による解決を求める人間には、ここには何もないと見えてしまうだろうが、自然とともにわが地域を楽しく暮らそうとする地元の人びとの目には、資源は限りなく豊かに広がっているはずである。むろん「地元学」は都市やグローバリズムへの否定の学ではない。自然とともに生きるローカルな暮らしの肯定の学でありたい。もう一度この土地を生きてきた人びとの声に耳を傾け、その発見の中から自分もまた地域を再生するひとりの当事者として力を合流させたいと思う。

本書は10年にわたる試行錯誤のたどたどしい記録であるが、「地域の再生」へのささやかな手立てになってくれたら嬉しい。

二〇〇九年十月

結城登美雄

シリーズ　地域の再生　1

地元学からの出発――この土地を生きた人びとの声に耳を傾ける

目次

序章　地域が「ぐずぐずと変わる」ための「地元学」

1　地元の暮らしに寄り添う具体の学

自分が暮らす地域をよくしたいと思うのは、誰もが抱く願いのひとつだが、この国ではそれがなかなかうまくいかなかった。

都市であれ地方であれ、そこに住む人びとがいつのまにかバラバラになっていて、地域づくりの役割を行政に丸投げしてしまっていて、そのクセから抜け出せないでいる。

一方、住民から託された地域づくりの専従者である行政も、そこに暮らす人びとの声に耳を傾けることは少なく、有識者や霞が関などの暮らしの現場からもっとも遠い人びとの考えや思惑に支配され、画一的なものを押しつける結果になっているような気がする。

私は近頃つくづく思うのだが、自分でそれをやろうとしない人間が考えた計画や事業は、たとえそれがどれほどまことしやかで立派に見えても、暮らしの現場を説得することはできないのではないか。そんな気がしている。そして反対に、たとえ考え方は未熟で計画は手落ちが多くても、そうしようと決めた人びとの行動には人を納得させるものがある。為そうとする人びとが為すのであって、そうしようと思わない人びとが何人徒党を組んでも、現実と現場は変わらないのではなかろうか。

地域とはさまざまな思いや考え方、そして多様な生き方と喜怒哀楽を抱える人びとの集まりである。しかし誰もが心のどこかでわが暮らし、わが地域をよくしたいと思っている。だが、その思いや考えを出し合う場がほとんど失われてしまっているのも地域の現実である。

「地元学」とは、そうした異なる人びとの、それぞれの思いや考えを持ち寄る場をつくることを第一のテーマとする。理念の正当性を主張し、押しつけるのではなく、たとえわずらわしくとも、ぐずぐずとさまざまな人びとと考え方につき合うのである。暮らしの現場はいっきに変わることはない。ぐずぐずと変わっていくのである。

地元学は理念や抽象の学ではない。地元の暮らしに寄り添う具体の学である。たとえば１９９９年に宮城県旧宮崎町で始まった「食の文化祭」。これは私なりに言えば「食の地元学」である。

わが町にはほかに誇れるものは何もないと嘆き、「ないものねだり」の愚痴をこぼすより、暮らしの現場の足元の「あるもの探し」をしてみよう。たとえばふだん食べているわが家の食事。現代の食生活はその多くが「買う食事」ばかりだが、わが町にはスーパーもコンビニも食堂もない。多くの家庭は庭先で野菜を育て、季節になれば山野に出かけて山菜、きのこ、木の実を採集する。それを女性たちが家族を思って日々料理をつくり、食卓を飾る。むろん手づくりの保存加工品も充実している。そのせいか、わが町には食の安全安心を叫ぶ声も少ない。

もしかしたら、この食生活、都会よりもぜいたくなのではあるまいか。いわば金だけに頼らぬ自前の食生活、自給の食。その値打ちをみんなで確かめることはできまいか。そんな呼びかけに応えて集まった家庭料理が1年目に８００品、2年目は１３００品、体育館いっぱいに並んだ。

名づけて「食の文化祭」。足元のふだんのあたりまえの食事が、食と家族と地域の物語を豊かに語りかけてくる。名も知らぬ見知らぬ山間の町に1万人の人びとが押し寄せ、それぞれに食物を間において、楽しいおしゃべりの場が広がる。そしてあらためて思う、わが町の自然の豊かさ、自給の力。人と人の距離を近づける食の不思議な力。たとえ小さくても、みんなの力を持ち寄れば、食以外にも何かができるのではないか。地域が変わるのではないか。「食の文化祭」は、忘れかけていた地域力、住民力を取り戻す「食の地元学」である。

そしてその輪は、地元の食の力を食育に広げた宮城県旧北上町の「食育の里づくり」や、食と器を総合化して、地元の多彩な仕事場づくりに歩を進めた山形県真室川町など、全国50地区で、それぞれの流儀で多彩に展開されている。

また地元学は、その土地の人びとの声に耳を傾け、そこを生きる人びとに寄り添って展開されるものであるが、ときに時代の課題に相渉り、格差社会に抗《あらが》って展開されるものでもある。たとえば宮城県旧鳴子町で２００６年から取り組まれている「鳴子の米プロジェクト」は、大規模化を進める日本農政が切り捨てた小農の米づくりを地域の力で支援する「米の地元学」である。

２００７年、自公政権下の日本農政は、「品目横断的経営安定対策」の名のもとに、戦後農政の大転換に踏み切った。グローバル化によるＷＴＯ、ＦＴＡなどの外圧などを考慮し、少数精鋭による大規模効率農業の推進がその判断の根拠だが、果たしてそれでうまくいくという保証はない。しかもこれによって中小農家の大多数が政策対象外になり、農政の支援がなくなるということになった。

中山間地農業はどうなるのか。とても人ごとではいられない。「４ha以上の認定農業者に本当に展望はあるのか」「規模も耕作条件も年齢も異なる多様な農業者をむりやり20haにかこって、村にどんな未来像を描くのか」「切り捨てた小農への対応はどうするのか」「もしこの政策に失敗したら誰が、どのように責任を取るのか」等々、問いつめても問いつめても無表情な役人たちから答えは何ひとつ返ってこなかった。この人たちは課せられた数値目標の達成以外はまったく関心がないのだ。

農村はたんなる食料生産の場ではない。小さくても支え合って生きる暮らしの現場である。不安に揺れる中山間地の集落を訪ねながら、冷酷な農政に抗しうる方法を模索していた。

東北有数の温泉地として知られる宮城県旧鳴子町は３１００世帯、８０００人の人びとが暮らしている。１９９５年には７３８戸の農家があったが、米価の低落などで、この10年間で１１８戸が離農し、耕作放棄地が4.5倍の94haに増えた。かつて小林秀雄は「世捨て人とは世を捨てた人の謂《いい》ではない。世が捨てた人のことだ」と言った。離農者も同様だと思う。条件不利地域で懸命に私たちの食料を支えてくれた人びとを、私たちが見捨てたのではないか。それに今度は国が見捨てた。

鳴子町に現在いる農業者６２０戸のうち、政策支援が受けられる４ha以上の農家はわずかに５戸のみ。国の支援から外された大半の農家を離農者にしてはならない。

論理ではない。ひとりの人間の感情である。口では食が大切、農が大事といいながら、こんな大事なときに口をつぐんでいてよいものか。

隣人が苦しいときに、他人ごとですませない村の心が地元学の原点である。その心が通じるところは、すべて「地元」である。この呼びかけに鳴子町はもとより多くの人びとが協力を申し出てくれた。旅館の人びと、工芸の職人、農家の人びと、たくさんの食を支えてきた女性たちが、自分ができる米の支援に力を貸してくれた。市場では米の生産者価格が１万３０００円にまで下がってしまった時代に、５年間１俵１万８０００円を農家に約束し、それを食べ手には１俵２万４０００円で買ってもらい、その輪を広げようという「米の地元学」――「鳴子の米プロジェクト」。

安くて安全であればよいという「消費者」から、農と自然と暮らしを大切に思う、食の「当事者」になる人びとが増えている。人も時代も、まだまだ捨てたものではない。

２「よい地域」であるための７つの条件

２００９年８月、劇的な政権交代がおきた。新政権がどんな地域政策を展開するのか、期待して見守りたいが、しかし、どんな政権になろうと地域の明日をつくるのはそこに生き暮らす人びとであることに変わりはない。人びとは政治や行政まかせにならず、地域を再生するひとりの当事者になれるだろうか。そのためにも再生すべき「地域」とは何か、をあらためて問うておきたい。これまでも「地域活性化」など、地域という概念は、エリア、マーケット、コミュニティなど恣意的概念でとらえられてきた。ゆるがぬ「地域」とは何か。私はそれを「家族が集まって暮らす具体の場」だととらえたい。当然ながら家族はそれぞれに希望や願い、悩みや課題を抱えて日々を生きている。そしてその願いや悩みを実現、解決したいと努力を続けている。だが個人や家族の力だけでは実現、解決できないことも多く、ときに孤立感を深めるかもしれない。そのテーマを、ともに暮らすほかの家族と力を合わせ、実践の道を歩むことが地域づくりではないのか。私はその原点を日本の「村」に求めたい。

今から１４０年前の明治元年、３０００万人余の日本人の9割は村に住んでいた。村の平均規模は戸数60〜70戸、人口３７０人前後。そんな村が明治21年にはなんと7万１３１４もあった。いわば近代日本は小さな村の集まりから始まった。それが明治・昭和・平成の合併で１７００余の市町村に統合されたが、それはうわべのことで、原型として村は戸数・人口ともに減少したとはいえ、その95%以上が生き残っている。１２０年を経て、なお持続可能な村とは何か。村を村たらしめた力とは何か。それを問わずにお手軽な統計数値で、人が生きる暮らしの器としての地域や集落を判断してはならない。私はこの15年、東北を中心に６００か所の小さな村を訪ね、その土地を懸命に生きてきた人びとに、村を生きるための大切なもの、「よい地域」であるための要件を教えてもらってきた。人びとが示す「よい地域」であるための7つの条件とは何か。

①よい仕事の場をつくること。

②よい居住環境を整えること。

③よい文化をつくり共有すること。

④よい学びの場をつくること。

⑤よい仲間がいること。

⑥よい自然と風土を大切にすること。

⑦よい行政があること。

以上の7つのテーマを懸命に積み上げ、自分の村をよくしようと努力をしてきた。補足すれば以下のようなことである。

①は、生きる土台である食をまかなう農林漁業を安定したものにすること。しかし経済の工業化と猫の目農政にゆさぶられ、小さな営みの農業には逆風が吹き荒れた。しかし十数年前から農産物直売所という希望の拠点ができた。不況の時代に全国1万3000か所に開設され、売上げ1兆円になった。人びとはこの経験を生かし、月々3万～5万円になるよい仕事の場を地域にたくさんつくりたいと張り切っている。

②は、文字どおり生涯を生きるための快適な居住環境整備。道路、下水道、学校などのインフラ整備。これは行政が巨大な公共事業で頑張ってくれたから、もうこれ以上必要はないと口々に言ってい

た。

③の、「よい文化をつくる」とは何か。人びとはそれを「ともに楽しむ場をつくること」だという。働くだけが人生ではない。村人みんなで楽しむ場。そこから祭りや芸能などの伝統文化が生まれた。これからの労働と楽しみとは何か。それが問われている。

④は、地域で生きていくための知恵。身近な資源を生かすための技。企業社会にもぐり込むための学びではなく、地域社会をともに支えるための学びである。

⑤は、人びとがもっとも大切だと強調するもの。隣人、友人なくしてなんの地域ぞ。人はひとりでは生きられない。互いに支え合って、よい生活と人生を全うするものだ。

⑥は、人は自然とともに生きるもの、ということ。海、山、川、田、畑に生かされて、それを支える水と風と光と土を歪めずに、これからも生きていく土台を大切に。自然風土を軽んじてきて、なんの「グリーン・ニューディール」か。

⑦の、「よい行政」とは何か。それは脱官僚、天下り禁止にとどまるものではない。行政とはなんのために、誰のために存在するのか。それが問われている。行政がよくなれば地域や村はよくなるか――思い上がってはいけない。行政などなくても（それどころか収奪されながらも）、村は何百年も村であった。その力をこそ大切にしたい。「地元学」とは村人の力、地域の力を地域再生の最大の礎にするためになされるものだと信じたい。

かつて地域再生に思いをめぐらす柳田國男は、よい地域を美しい村に置きかえてこう記した。

――美しい村などはじめからあったわけではない。美しく生きようとする村人がいて、村は美しくなったのである（『都市と農村』）。

主体なき地域再生などありえない。相変わらずの画一的行政施策の押しつけではなく、地域の願いや悩み、それぞれの生き方を見すえ、地域の人びとに寄り添う行政でありたい。地元学的地域再生への思いである。

第1章　わが地元学

1　その土地を生きた当事者に学ぶ

(1) 仙台・最後の六連登り窯

仙台市青葉区堤町。ここは江戸期から350年続いた焼き物の町。水瓶、塩瓶、皿鉢、すり鉢、火鉢、便壺、たこ壺、骨壺、土管……。あらゆる生活と生業の道具をつくり続けてきた町だった。その焼き物の町の窯の火が消えたのは昭和50年代初め。急速に膨張した仙台の都市化の波にのみ込まれた。窯の煙を公害と騒ぎたて、プラスチックこそ新しい生活の道具とうそぶく新しい仙台人の宅地と化していった。土と炎に生きる場を失った町の解体は速い。ある者は職を替え、ある者は郊外へ移

堤町に残る仙台最後の登り窯

転し、この地に残る者は、かつて豊かな陶土と釉薬をもたらした土地をつぶしてアパートを建て、時代をしのいだ。今、この町の通りから、かつてのおもかげをしのぶものはない。

　しかしひとつの路地を入れば、いやいや、まだ町は死んではおらんよ、とでも言うかのように堂々たる存在を主張する１９１８年築造の六連の登り窯に出会うことができる。運よく残っていたのではない。次々に失われる日々のなかで、町の人びとと職人たちの思いを背に受けて、最後の老職人が必死に守ってきたのである。その姿に触発された人びとと一緒に十数年、この町の暮らしと歴史を記録してきた。

　伊達という藩主にかかわる以外の歴史遺産のほとんどを失ってしまった仙台にあって、もしお前が一番残したいものは何か、と問われれば、私は迷わずにこの登り窯だと答えるが、城下町仙台をアイデンティティだと喧伝し、歴史を大切にした街づくりを市民に呼びかける当の行政は、いまだ一度としてこの登り窯にまともに向かい合おうとはしない。あろうことか、その代わりに、早く立ち退けとでも言わんばかりに巨大な都市計画道路が登り窯の眼前にまでせまり、のみ込もうとしている。

　地元学とは利便と機能主義をひた走る発展都市づくりのゆくえを、暮らしの積み上げの内側から問うものだと思いたい。

(2) この町にこんな暮らしがあった

　地元学とは何か——。十数年、その必要を呼びかけていながら、いまだそれにうまく答えられないでいる。心もとない限りだが、地元学とは、いつも現在進行形であり概念化できないままに、個々の現場の具体に寄り添う学なのではあるまいか。たとえばどこでも推進されている地域づくり。その多くは、どこかに先進地と呼ばれる規範やモデルがあり、その事例に学んでわが町わが村もそこに近づこうと努力すること。そんな地域づくりが主流だ。初めに自分たちの町は遅れている、ダメな町だという決めつけから始まる地域づくりが根拠とするところは、たとえば人口の減少と過疎化。それを悪と決めつけ、その是正のプランを活性化策という。活性化策とはすなわち経済振興策のことであり、それ以外のテーマには力が入らない。

　しかし、地元学的地域づくりは経済活性化を必ずしも第一義とはみない。住んでいる人口が多いからといって優れた人間が多いわけではない、人が減ったからといって不幸な生活を送っているわけではない、というあたりまえのことに立脚する。

　数字や金、外見を気にし、ダメからの地域づくりを主導するのは、たいてい行政である。これに出来の悪い学者たちが尻馬にのる。そしてつくられるのが町づくりプラン。希望的観測としての人口増加を前提に策定される長期総合計画と公共事業。現実と現場を無視した無理な計画がどれほどの借金をもたらしたか。小さいより大きいほうがよい。古いより新しいほうがよい。ゆっくりより速いほうがよい。すなわち彼らに共通しているのは単純なモノサシのモダニズム。なんのてらいもなく将来ビジョンを語り押しつける人間を有識者というのだろうか。

もうひとつある。これらの人間はその町や村の当事者ではない。たとえそこに住んでいても、住民が抱いている期待や願いの本当のところを受けとめきれない当事者意識の欠除が、借り物のビジョンを地域に持ち込む。

住民とは人と人の関係に配慮して暮らす人びとのことである。その相互関係によって成り立つ場所を地元という。それゆえ地元学は徹底して当事者に寄り添って行なわれるものをさす。たとえ専門的な知識がなくても、長年その土地に生きていれば喜怒哀楽はもちろんのこと、それなりの深い思いと考えを秘めている。まずはお茶でも飲みながら、その心のうちに耳を傾けてみること。そこから地元学は始まるのである。この町のこれからを考える前に、まずはこの地元をどう生きてきたのか。嬉しかったこと。つらかったこと。悔いること。努力しても果たせなかった、たくさんのこと。そしてそれはなぜ達成されなかったのか。それをまず受けとめる。地元学とはポツリポツリの会話の学である。お互いの経験を持ち寄る場をつくることである。そうすると、将来ビジョンには寡黙だった人びとが、この町のこれまでについては饒舌になってくる。そしてそれを語る顔がいきいきとしてくる。地元学とは、その土地を生きた人びとから学ぶことを第一義とする。

そんな地元学を10年間、仙台市宮城野区の10の地区で行なってきた。それは歩きながら、人に会い、話を聞きながら、町の中に物語をさがすことでもあった。小さな川、水路、井戸、わき水、ため池、水車、水汲み、洗い場、水泳ぎ、魚獲り、洪水、水不足、水神様……。水をおそれ、水を敬い、水でつながる人びとの、汲めども尽きない物語があふれていた。梅の木、梅干し、柿の木、すももの木、薬草、生垣、薪ひろい、緑陰、昼寝、鎮守の森、屋敷林、失われた里山……。何本もの木の物語が植えられていた。地元を生きた人びとの記憶の中にある暮らしの断片が集まって10冊の記録になった。あらためてふり返る地元の暮らし。環境などという言葉さえなかった時代に、本当に環境を大切にする人びとがいた。買うことだけにゆだねず、必要なものは自分でつくるという生活がしっかりとあった。「この町にこんな暮らしがあった」とサブタイトルがついた10冊の小冊子が、過去こそが未来なのではないかと問いかけてくる。そして小冊子は地元に住む人だけでなく、かつてそこに暮らして今は離れている兄弟や息子、娘たち、孫や友人、親類にも届けられ、なつかしいふるさとの情報が人びとをもう一度近づけた。

のべ３００人の新旧住民が参加して10年にわたって続けられた宮城野区の地元学は、高層ビルと住宅がひしめく仙台の中心地も、ついこの間までは田園の暮らしがあり、今なお都市の基層に農的生活の営みと絆が息づいていることを発見して、ひとまずひと区切りを終えた。そしてそれを確かめた人びとは、その大切な財産を中軸に、自分たちの地元をつくりあげるための活動を始めている。それは金にまかせた街づくりとはひと味ちがう、自分たちの町の取り戻しであり、確かな歩みになるものと思われる。

（3）七郷・ひとつひとつの田のかたち

仙台市宮城野区の地元学は都市の中に村の暮らしの必要を発見したが、しからば近郊の農村はどうだろうか。仙台市東部に広がる田園地帯、七郷《しちごう》地区で3年半、地元学を試みた。きっかけは、迫りくる宅地開発で「七郷が七郷でなくなってしまう」という、老農たちの静かだが深い危機感に触発されてのことだった。

すでに崩すべき山林を崩し終えた仙台は、こんどはその手を田んぼにまで及ぼそうというのだった。減反、米価低迷、後継者不足はいずこも同じ課題であるが、七郷の人びとは、そこから脱け出すための手段として区画整理事業による宅地化を選びとった。いや選ばざるをえないところにまで農業が追い込まれていたのだろう。誰もが自分（たち）の生き方を他人に左右されたくないと思っている。人と家族の集まりである地域もまた同様である。

しかし21年前、初めて七郷に出かけて見た風景は「手おくれ」であった。広大な緑の田園には重機が行きかい、2本のバイパスで分断されたうえに、水田は掘り返され、乾いた土が砂ぼこりを舞いあげ無残な姿をさらしていた。そして宅地化されたところからショートケーキのような新築住宅が立ち並び、奇妙にねじれた村の風景になっていた。おそらくその不似合いな建築物を見て、老人たちは危

基盤整備と住宅開発で変貌したが、中央に「イグネ」と呼ばれる屋敷林が見える七郷（1993年撮影）

機感を募らせたにちがいない。それほどに強く巨大な力が村を襲っていた。

　地元学。それは記憶を記録化することをひとつの手段としながら、そこに暮らす人びとの期待や願いを、ともに実現していくものであるが、しかし大きな圧力の前にはあまりにかぼそいと思われた。「まだ私たちが丈夫でいるうちに七郷が七郷であった時代と現在を記録して残したい」という言葉に従わざるをえなかった。

　記録する、とは本来、喪ってはならないものを失わざるをえない事態に直面した者たちが、かろうじてとりうる方法のひとつである。ならば徹底して記録を残そうではないか。そう決めた。月に一度集まって資料を検討する。文献資料は85点にのぼった。しかしそれを使っての記録集にはしたくなかった。地元学は歴史学でも郷土史でもない。どこがちがうかと問われれば、そこを生きた人びとの直接の力でやるということ。文献資料は最大に参考にはするが物知り学に終わりたくない。現状と現在を超えていくために、ここに生きている人びとと行動したい。歴史学からは軽んじられるだろうが、事実そんな声をいくつも聞いたが、たとえ未熟であっても自前のものでありたい。そんな自負はあったが、いかんせん人の記憶の引き出し方には苦労が多かった。古い写真などがあれば、それをきっかけに記憶の糸がほつれ始めるという経験は町場の地元学では効果を発揮していたが、残念ながら農村には写真は少ない。さて、どうするか。

不思議なことに老人たちは農作業の話をするときだけはいつもより多弁になる。もしかしたらと思い、数週間かけて昭和37年頃の圃場整備以前の空中写真をトレースして畳2枚分ほどにつなぎ合わせて持参した（図1－1）。その図面を見たとたんに、老人たちの目つきが変わった。おだやかな目が丸くなり顔が紅潮し、興奮のるつぼとなった。口々に「この三角形の田は俺のじいさんが開墾したもの、こんな小さくても4俵はとれた！」「ここは水のかかりが悪くて苦労した」「この田んぼは○○さんの田、米つくりの名人、どうしてもかなわなかった」。ひとつひとつの田のかたちをみんなが覚えていた。ひとつひとつに汗と苦労と喜びがあった。水争い、水番、堀払い、こやし汲み、俵あみ、秋まつり……。1枚の田んぼの図面をとり囲み、老人たちの話はいつまでも尽きることはなかった。七郷の歴史とは何か。それは人びとが土地に刻んだ歴史であった。

これをきっかけに老人たちが活気づいた。仙台の都市化の勢いに圧倒されて小さくなっていた気持ちが、のびやかになった。かつて田のあぜ近くにあった石碑・石仏のすべてを写しとり、所在地を地図化し、石碑の寸法を測り、文字を解読してくる老人たち。その数１５５基にのぼった。年中行事と食事を再現する人びと。「女のがんばり、男のふんばり」という座談会は収録できないほど微細に、幅広く、かつての暮らしを伝えてくれた。こうして3年半の歳月を経て、Ａ４判２４０頁の『ふるさと七郷』は完成した。ときあたかもその日はゼネコン汚職で仙台市長が逮捕された日でもあった。山を崩し田をつぶし、すべてを不動産価値におきかえて、見てくれのよさだけの表層都市づくりをしてきた主体が問われた日であった。

　出版の経緯についてもひと言ふれておきたい。『ふるさと七郷』は行政はもちろんほかの誰からも資金的援助を受けてはいない。１冊２８００円の本を世に出すために老人たちが4か月かけて村々をまわり予約をとった。２０００部の予約が決まったのち印刷にまわした。２５００部すべてが売り切れた。誰ひとり無料でそれをもらう者はいなかった。それが老人たちの態度であった。農に生きた人びとの生きざまと心根を思い知らされた。『ふるさと七郷』にはサブタイトルがある。それは「もうひとつの仙台」。地元学を支えた者たちの思いである。そしてその帯には、老人たちからの反語であろうか、「さよなら、村の暮らし」とあった。

（4）山形・田代、わが村、わが地元学

　私一個にとって七郷での地元学の経験は予想以上に大きかった。日がたつにつれて大きくなってい

のかたち（1962年頃）

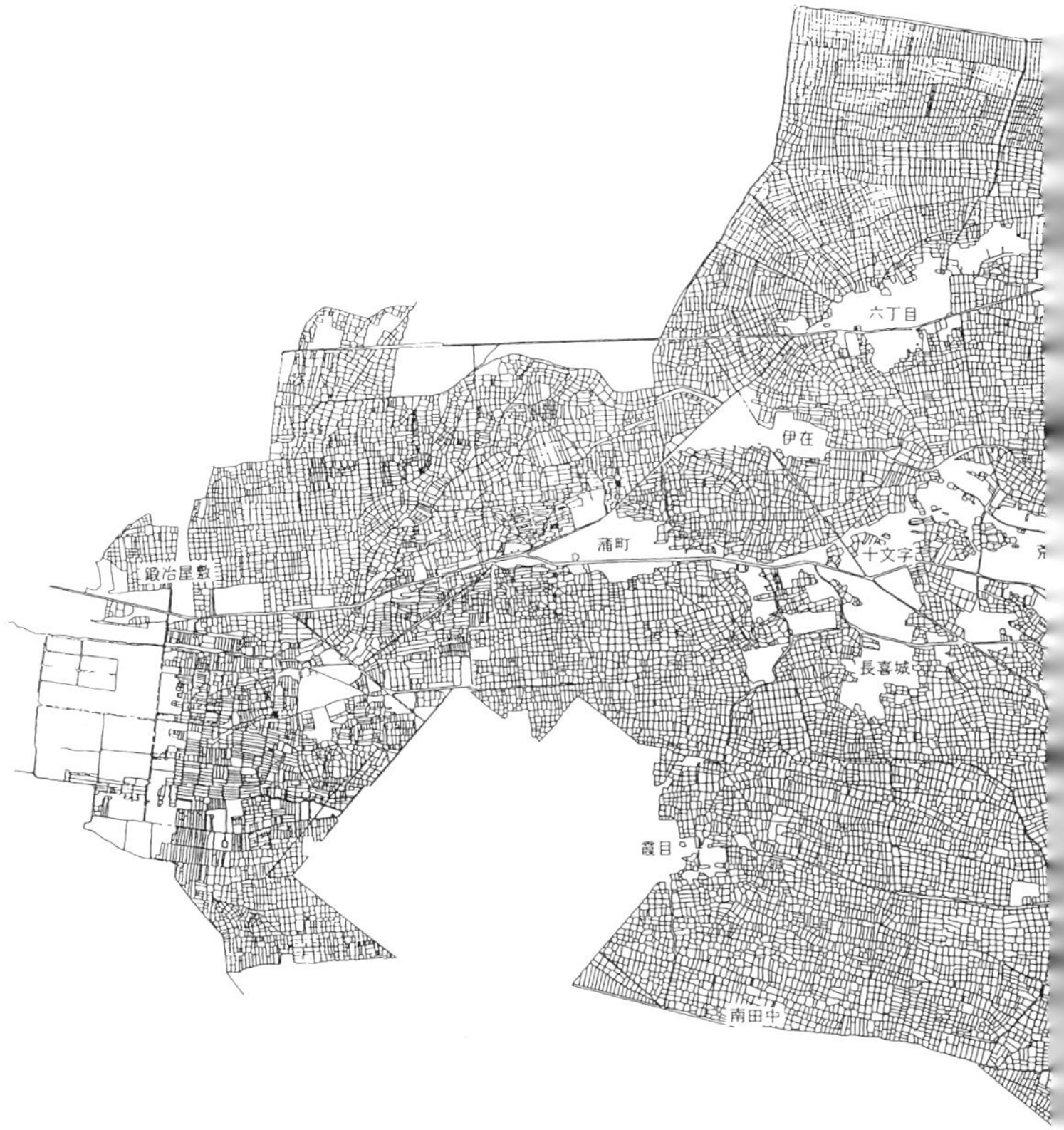

図１－１　圃場整備以前の田んぼ

った。まもなく私は20年続けた会社を閉じ、ひとりになった。ひとりになって東北の農山漁村を歩き始めた。『ふるさと七郷』の「あとがき」に次のように記したことが少しは影響しているかもしれなかった。「かつて都市は農村によって支えられていた、というのが編集にたずさわった者の個々の思いだが、いまだ都市はその負債を農村にかえしてはいない」。ふるさとの、山形の、山の村の暮らしがしきりに思い出された。

山形県西村山郡大江町大字小清《こせ》字田代。ここが私のふるさとである。標高４５０ｍの山あいに９軒の家があった。昭和30年代、60人ほどの人口であった。しかし三十数年前、村人は挙家離村、山を下りた。雪２ｍ、田は少なく、林業すでに空しく、自給の作物とたばこなどの換金作物。金銭をモノサシにすれば貧乏村というのだろうが、この村の記憶は私にとって明るい。一所懸命に働いて、いつも笑顔があった。

廃村が決まって山を下りるとき、村人はカヤぶき屋根を解体した。残しても一冬の雪でつぶれてしまう運命だった。解体作業はなんともいえない光景だった。頼み込んで叔父の家をゆずってもらった。周囲は当然反対だったが、仙台という都市をサラリーマンで生きていく自信がなかった。ネクタイで首をしめられ、人間関係や売上げ目標で身をしばられ、いつも不安がつきまとった。そんな心細さにとらわれるたびに帰れる場所がほしかった。あの村に帰ればなんとかなる。そう思うとまだ続けられる気になった。廃村の廃屋が都市で生きていく息苦しさを救ってくれた。

だが都市に身を置きながら山奥の家を維持していくのは骨が折れる。冬は何度も雪おろしに通った。冬山登山のように終点のバス停から5時間も雪道をかきわけ、たどりついて3日間、ひとり黙々と雪をおろす。そのたびごとにこの村を何百年にもわたって生きてきた村人の厳しさと強さを思った。貧しさのゆえんを思った。

挙家離村直後の冬の田代集落

　しかし、春になると廃村が輝いた。コゴミ、ゼンマイ、ウド、ワラビ……、山菜が次々にごちそうをもたらした。不思議なことに春になると、町に下りたはずの老人たちが村に戻ってきた。「町は何事もスピードが速くて神経が疲れる。ここに帰ってくるとホッとする」と、残した作業小屋に泊まり込み、畑を耕しはじめた。冬が近づくと息子たちが暮らす町に戻っていったが、「住みなれた地元が一番だ」とおだやかな顔をしていた。

　そんな老人たちから、この村のかつての暮らしぶりを聞いた。それは私が思い込んでいた貧しい村とはまったくちがっていた。老人たちは語る。

「たしかにこの村は米もロクにとれない貧乏村。男は炭焼きと灰焼き。女は自家用野菜づくりと青麻《あおそ》ひき。それが現金収入。毎日まっ黒になって働く毎日だったが、それでもたくさんの楽しみはあった。たとえば季節の変わり目に行なわれた連句の会。あれもじつに楽しいものだった。その日は昼までに仕事を切り上げ、昼風呂をわかしてさっぱりして、男は紋付き、女は羽織に着替えて、村人全員、小さな神社に集まる。狭い境内にムシロを敷いて、車座になって句会が始まる。子どもたちはそのまわりをかこんで見物する。俺も小さい頃は早く句会の仲間になりたいと思ったもんだ。みんな荒れた武骨な手に紙と筆をもち、座主が出す『清々と』という上の句をうけて、下の句を考える。ややしばらくして、しわくちゃばあさんが、『稲の穂の出る盆の月』とかえす。『うーん、なかなか』とうなずいた別のおとながまた続ける。『春過ぎて』とくれば、白髪頭のじいさんが、『夏の浴衣を縫う娘』とまじめな顔で読みあげる。一座の目が、その色っぽい下の句に、ほぉーっと声をあげて、あらためてじいさんの顔を見る。照れたじいさんが下を向いて酒をのむ。それはそれは楽しいもんじゃった……」

　山間へき地、困窮する暮らし、と勝手に思い描いていた山の生活と人びとの人生。それはとんでもない思い違いだった。その衝撃は今なお忘れられない。田も少なく金もなく、人もまばらな山の村にこそ豊かな文化は息づいていた。

「なあ、若い衆よ、働くだけが人生ではあるまい。人は仲よく楽しく生きるもんじゃ」と目を細め、かつての暮らしに思いをはせるじいさん、ばあさんたちこそが、真の文化人だった。

　わがふるさとの地元学はこうして始まった。臼開き、初詣、書初め、謡い、七草、三日トロロ、雪中田植、まゆ団子、山の神、ひなまつり、お不動様……。冬の季節だけでも数えきれない楽しみがあ

かつての村人による年に一度の山の祭りが約30年続いている

った。そして離村して約30年がたつというのに、かつての村人は新緑の5月に、1年に一度村に戻り、今なお村の祭りを続けている。村がなくなり、たとえ住むことができなくなっても、人びとの心が集まるところこそ地元というのではないのか。その大切さ、大事さ。つくづくとそう思わされた。

（5）人と地域の再生のために

こうした手さぐりの地元学は何をめざすのか。この十数年、東北の中山間地の小さな集落を訪ね歩いていると、そこで会う年寄りたちから口をそろえてたずねられることがある。

「俺たちは、メシを食うにもこと欠く戦前から、戦後の混乱期を生き、なんとか食えるどころか、想像もできない豊かさを享受することができた。もうモノや金でほしいものはない。しかしただひとつ気がかりがある。それはときおり、休みのときに遊びに来る孫たちのことだ。茶髪やピアスや化粧のことではない。来るたびに目の輝きが落ち、曇っていく。暗い表情がますます暗くなっていく。あの孫たちが生きていく都会とその将来は大丈夫なのだろうか」

都市ともっとも離れて暮らす人びとからそう問われるたびに答えに窮する。しかし的確な洞察であり、重い課題である。家庭内暴力、学級崩壊、登校拒否、フリーター１７０万人、ニート64万人は何を問いかけているのか。すでにこの国がつくりあげた社会基盤は、次の時代を生きる世代にノーをつきつけられているのではないのか。たしかにこの国の豊かさは利益共同体たる企業社会の高次化によって達成された。また、企業社会の集約である都市の魅力も十分に発揮された。しかしそれでも何かが足りない。

企業社会や都市が失ったもの。それを補うものが地域社会であり農山漁村の可能性なのではないか。だが残念なことにその農山漁村もまた、その十分な受け皿ではない。それこそ整え直すべきではないか。次の世代の生きる場所として。そのための農山漁村の地元学はますます重要なテーマになってくる。

人間は身近にあるものよりも遠く隔たってあるものを価値の対象に求めてしまうという心性をもっている。ここではないどこかに本当があり、ここは嘘ではないかと思う心。それに呪縛されやすい。農業は市場経済では価値が低いから、農業の跡継ぎなどやめてよい学校に入り、よい企業に勤めるほうがよい。そこに入ればよい生活と人生が送れるはずだと、農山漁村の親たちは子どもたちを都市へ、企業へと押し出してしまった。すべて金を基準にした、都市を優位とする基準だった。

都市の基準だけで農山漁村を判断するな。金以外の、居住環境、文化、コミュニティ、自然風土、生き方と哲学の存在と魅力をもっと子どもたちに伝えよ。自分たちが拠りどころとしてきた、それらの価値をもっと掘り下げ再評価し、次の世代のための仕事の場と生きる場所を準備していきたい。地元学は経済を絶対基準としてさまざまな幻想のイデオロギーで呪縛するものを相対化する生活の基層の学である。すでに地縁は、血縁は解体し、その存在理由はないとうそぶく言説を聞いて久しい。だが代わりに提起される知縁や会社縁や情報縁が不動のものだという保証はない。人は土地を離れて生きることはできない。まして高齢化社会。会社縁を離れ地域社会への帰還者も増えてくる。

同じ地域を生きる人びととももう一度関係を再構築するために、それぞれの地元の資源とそれを生かす知恵と技術と哲学を学ぶこと。そしてその力を合流させ自分たちの生きやすい場所に整え直すこと
——地元学がめざすものである。

21世紀日本。すでに小さな村の、小さな地元から、少しずつ変わり始めている。

2　庭の地元学

――「暮らしの庭」が景色をつくった

(1) 旅は他火

東北むら歩きの旅で、何が一番の楽しみかといえば、人の笑顔とゆったりした農の風景に出会うことである。だがこの2つに会うことはなかなかにむずかしい。笑えるような農業情勢ではないし、牧歌的風景などもはや望むべくもないとわかっていても、やはり気持ちのどこかでそれを探している。

だが犬も歩けば棒に当たる。思わず水浴びしたくなるような谷川のせせらぎ。地形に逆らわず曲がりくねった農道や山道。水神様が祀られた道端のわき水とアルミのコップ。そしてほっこりとまだ残っていたカヤぶきの民家。こんなところまでよく訪ねてきたなあ、とねぎらってくれるかのような、そんな山里のもてなしの風景に出会えば、まだまだ東北、けっして捨てたもんじゃないと嬉しくなってくる。

旅とは他火。すなわち他人の火にあたりに行くことである。火は暮らしの中心。その火を見つめ、ゆらぐ己が生活を整え直す。それが本来の目的ではなかったか。

岩手県北上山地。冬に備えて軒下に薪を積みあげていた。ほどよい長さに挽いたナラやクヌギをマサカリで割り、それらを風雪が吹き込む北と西側にびっしりと積んでゆく。こうすれば住まいの防寒になり1年の暖がとれる。黙々と薪を割り、軒下に積むその作業。積まれるにつれ古びた民家がイキイキとした表情に変わってゆく。

「この薪がなくなる頃に春がまた来る」と、積み終えて初めてニッコリ笑った顔が忘れられない。畢《ひっ》竟《きょう》、農の風景とは暮らしに備えて生きる人びとの、その日々の営みがつくりあげたものにほかならないという、しごくあたりまえのことを、あらためて深く思い知らされた経験だった。

よく見れば庭先の梅や柿やサンショの木も、裏山の栗の木や竹林も、何気なくはえている草花も、けっして鑑賞のためのものではなく、一木一草が食卓や暮らしのすみずみと

この薪がなくなる頃に春がまた来る（1998年、北上山地・岩手県久慈市下戸鎖）

結びついている。農山村に暮らすとはその姿をこそ言うのではないか。

(2) 御林——旧城下域の自給自足の屋敷林

わが住み暮らす街、仙台。ここはかつて「杜の都」といわれた。むろん市民のなかには大通りに植えられたケヤキの街路樹を指さし杜の都の健在を喜ぶ人も少なくないが、わずか50年前に植栽された街路樹が杜の都のルーツではあまりにも情けない。

江戸時代、仙台は人口約５万人。城下の８割は武家屋敷。下級の武士でも３００坪ほどの屋敷を与えられ、その生活の基本は自給自足が原則。そのために割り与えられた広さだった。自給自足のためには30~40坪の家屋以外は徹底的に利用しつくす。

１年の野菜を収穫する畑と茶畑。梅、桃、梨、柿、栗などの果樹や実のなる木。食用菊や薬草類。屋敷まわりはケヤキ、杉、松などの用材や燃料材などの実用樹木。さらに屋敷裏手には竹林。これは屋根のふきかえ、補修、生垣などに利用。むろん春の筍はどの家の食膳をもかざったという。これらの屋敷林は「御林《おはやし》」と尊称され、藩の指導もあって、一木一草を大切に扱う習慣が定着していた。それら個々の屋敷林は、歳月のうちに生い繁れば大木の枝や葉は門外、塀の外にまであふれ、道を歩けばさながら緑のトンネル、森の中を歩くが如くの風情だったという。

近代になってもこの原型は残り、城下の１割を占める社寺林の緑と相まって、仙台は緑豊かな都市として推移していった。大正の頃より人はおのずからそれを「杜の都」と呼び習わすようになったが、もとは個々人の自給的生活空間の連続が、結果として「杜の都」になったわけで、けっして外から眺めていう景観美学でも、樹木の多さを誇る意でもない。「杜の都」とは屋敷内の草木とそこに生きる人びとが限りなく親密に暮らす町のことである。

最後の屋敷林、Ｔ家の庭

その「杜の都」が失われたのは戦災と、それに続く近現代的都市計画のせいである。耕し育て、家族とともにその恵みを楽しむことより、利便や効率、不動産屋的まちづくりを優先して、結果として仙台は「ビルの都」と化してしまった。筆者の調査では仙台の旧城下域の屋敷林はほぼ全滅したと言ってよく、図１－２は17年ほど前まで残っていた最後の屋敷林の調査図面である。

思えばバブルの絶頂期、杜の都とは何か――。そんな課題をもって市内のあちこちをうろついていた。訪ね歩く町はいずれも地上げ屋によって古い建物も樹木も根こそぎ引き抜かれ、街区は無惨にさら地と化していた。そうした街並の喪失を確認するだけの空しい日々のなかで、この屋敷林の主、Ｔさん宅の庭に出会ったときは絶滅寸前の生物危急種を見つけたような気がして、前後もわきまえず屋敷内をうろついた。１３００坪の敷地に２６０余本の樹木がうっそうと繁り、母屋はあたかも森の一軒家。

やがて玄関の戸が開き、「ようこそ」と笑顔で迎えてくれたＴさん。１９２８年にここに嫁ぎ、以来六十余年を森の樹木、畑の野菜たちと暮らしてきたＴさんは、不意のちん入者を警戒もせず、一本

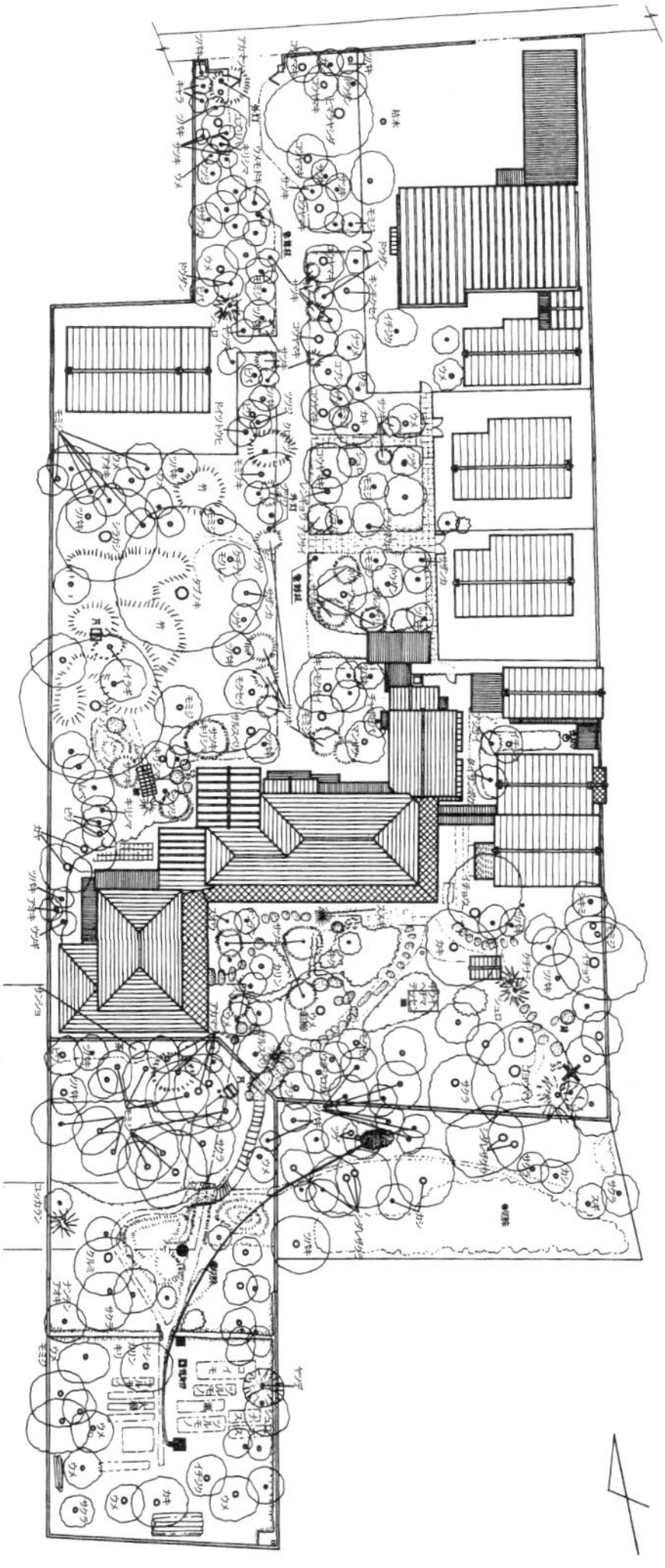

図1－2　1991年に調査したときのTさんの屋敷林

一本の樹々を説明してくれる。それは説明というより、草木も子どものように育てる母親の子育ての物語であり、その子どもたちがもたらす四季折々、年々歳々の豊かな実りと、それを暮らしに取り込む知恵と工夫の物語であった。

以来、暇をみつけては無遠慮に何度もTさんの森に通い、図面をとり、聞き書きをした。娘の誕生日に植えた桐の木。孫たちのために植えた栗の木と栗ひろいの想い出。毎年たわわに実るクルミとその多彩な料理。干し柿ののれん。茶畑と自家製茶のおいしさ。15本の梅の木と梅加工の貯蔵所。油をしぼった椿の実。ウグイス、カッコウ、キツツキ、フクロウまでが棲みつく高木群。胃薬にしたニガキ。さまざまな薬草。庭を掘ったら出てきた山芋。清冽なわき水とそばのセリやワサビ。そしてスーパーがいらないという自給畑での野菜づくり……。八十余種２６０本の一本一本に豊かな暮らしと人生の物語の実をつけていた。

杜の都とは何か――。それは家族が暮らす森の生活、食卓とつながる庭、その家族がつながって暮らす街のことであるとTさんの屋敷林が教えてくれた。しかし17年前、そのTさんの森が消えた。巨額の相続税と無策無援の行政が原因だった。この町で家族が生き続けるためには、自らの手で森を刈り払わなければならない。森に住むことを許さない「杜の都」仙台。ひさしぶりに眺めた図面からTさんの淋しい顔が浮かんでくる。

Tさんの屋敷林跡地にはマンションが建ったが、一部にその名残りが残った（1999年撮影）

（3）イグネ――農家の生産・生活の拠点

かくして仙台の中心部は実体なき杜の都になってしまったが、あきらめるのはまだ早い。都心からバスで東へ25分の田園地帯、仙台市七郷地区長喜城《ちょうきじょう》には、かつて

1500坪の敷地をコの字型に樹木が取り囲む庄子喜豊さん宅

の屋敷林が奇跡のように残っている。ここに来ればかろうじてその原型に出会える（図1－3）。

なぜこの田園地帯に屋敷林は残ったのか。結論的に言うならばそれは、その住人たる庄子喜豊さん一家が、今なお積極的に農の営みを続けているからだと思いたい。二百余年にわたって仙台平野で代々米をつくり、それを経済の中心とし、屋敷内の畑で自給の農産物を多彩に育て、それを日々の食卓にのせて生活を楽しむ。時代は変わっても、農地を最大有効に活用し豊かな生活を実現しようとする、農的生活の基本を崩さないその姿勢が、生産と生活の拠点たる屋敷林を必要とし、それゆえにこそ健在なのである。

仙台地方では屋敷林のことを「居久根《いぐね》」と呼ぶ。居は住まい、久根は屋敷境のこと。仙台平野は奥羽山脈からつねに風が吹きおろしてくる。とくに冬の風は強く寒い。それゆえ平場の水田地帯で生

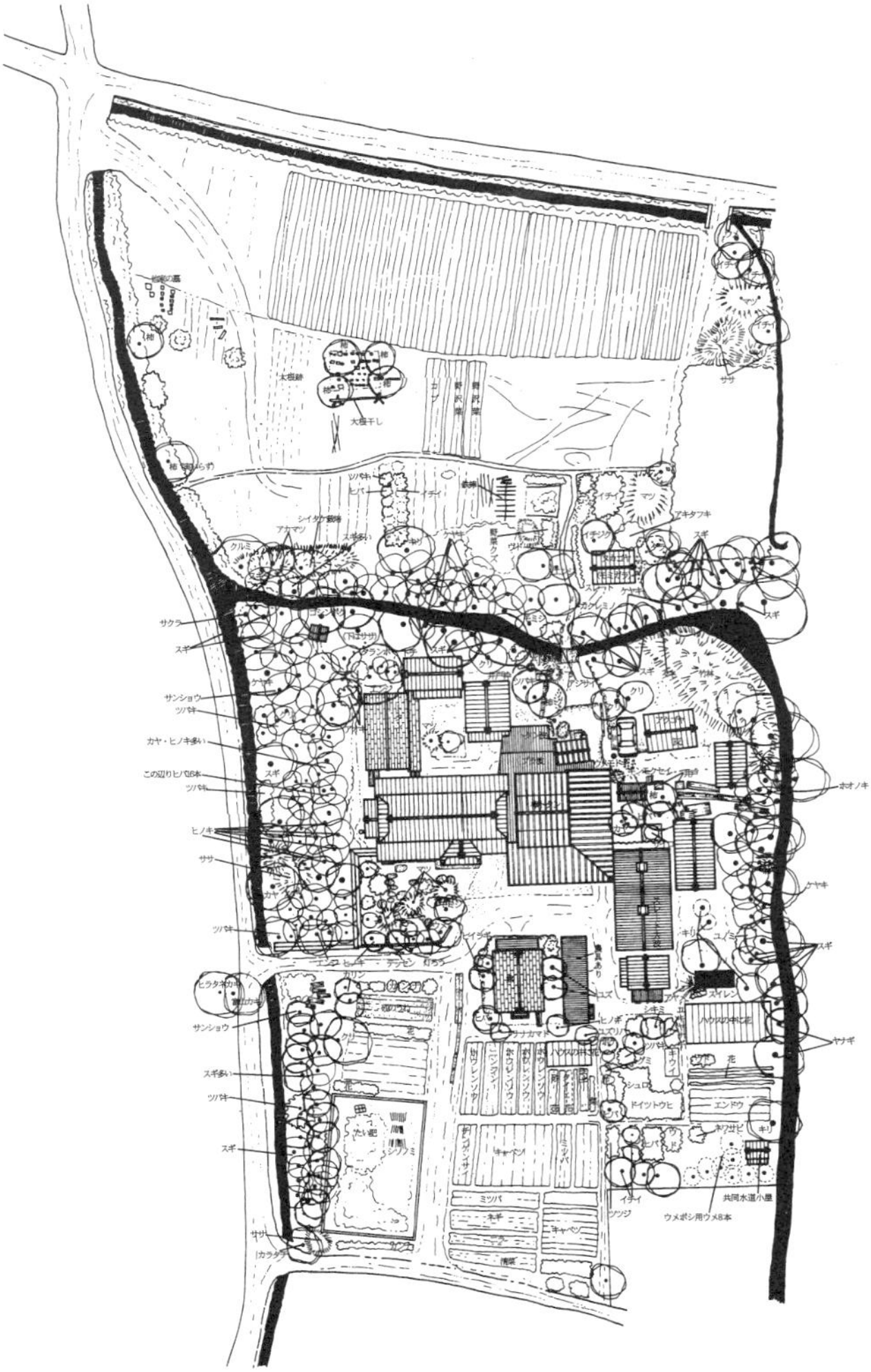

図１－３　庄子さん宅のイグネ

調査／1991年６月

協力／地域景観共同研究会

活するには、まず風よけの木を植えることが最初の仕事だった。木が育ってのち家を建てる。ケヤキ、ハンノキ、杉、松など丈夫でよく育つ木が選ばれた。とくに屋敷の北と西側には幾重にもぶ厚く植える。そうしなければカヤぶき屋根はひとたまりもない。

すべてイグネの木だけで建てた家

むろんイグネは家だけでなく、庭先の作物を風や寒さから守り、耕地の表土流出を防ぎ、燃料、防火、住まいの目隠しなど多様な機能を合わせもっている。が、なんといっても庄子さんのイグネのすごさは、現在の住居をすべて自分のイグネの木で建ててしまったことである。樹齢２００年以上の杉を10本、ケヤキを３本、カヤを１本。いずれも直径２～2.5ｍの大木である。土台はクリ。床の間はサクラとタモとサイカチ。障子戸の格子はユノミという木。ゲタ箱も台所の流し台もケヤキでしつらえた。

杜の都の生活様式とはそういうものだったと文献では知っていたが、実物に出会えるとは。しかも建築にかかわったのはすべて地元の職人さん。１９６７年のことである。大工は昔から庄子家に出入りしていた赤井沢さんという、かたい仕事をする棟梁。１００年以上はビクともしないと太鼓判をおしたという。左官は隣村の職人、土壁の土も地元で調達。建具も瓦ももちろん地元。土台は近所の人びとが集まってヨイトマケのかけ声をかけて「ドンヅキ」。金にまかせてこだわりの家を建てようとしたのでない。自前の材料、地元の職人。それがあたりまえだった時代。金をかけずに手間ひまかけて100年以上はもつよい仕事をする。そんな人びとが本当にいたのだと庄子さんの家を見て思う。食生活だけでなく住む家さえも自給自足の思想で貫かれた最後の住まいなのかもしれない。

イグネを育む水路「七郷堀」の流れ

そこが農を営む場所だから

今、仙台の都心や団地のほとんどの建物は、ゼネコンや住宅メーカー、有名建築家やデザイナーなどの、見てくれを主張する展示場になってしまった。行政もそれが都市景観の整備だと都市景観賞なるものを設けて見てくれ建築を支援している。

庄子さんの家にはそうした薄っぺらであざとい臭いは少しもなく、そのかわり何時間でも陽なたぼっこをしていたい広い縁側があり、ときおりそこを気持ちのよい風が通り抜けていく。風を防ぎながら風をとり入れるというこまやかな工夫と配慮にみちた世界がイグネの空間である。それは暮らす人を考えるだけでなく、そこが農を営む場所だから、光や水や風を大切にしているのだ。

庄子さんの屋敷まわりを水路がめぐっている。そこはかつて米をとぎ、洗い物をし、水浴びや馬洗いをした。水はすべて田んぼや隣家とつながっているから、けっして汚したりはしない。水はまたイグネの木を育て、イグネの中の温度や湿度調節もしてくれる。何時間でも昼寝をしていたい気持ちのよい環境空間である。

ムダなものなどひとつもない

だがイグネの本当の値打ちは人が日々手をかけて育てる畑にある。庄子さん宅には２〜３反歩の野菜畑があって、この地方でとれる野菜ならなんでも植えてある。普通の野菜販売農家以上の栽培規模なのに、庄子さんはそれを売ったことがない。直売所に出せば１００万円以上にはなると思うのだが、「昔から野菜は自家用が基本」と淡々としたもの。出来のよい野菜がとれると近所や知人におすそわけ。「野菜は何よりの交際費」なのだそうだ。気持ちのよいイグネは人の性格までおおらかにしてしまうのだろうか。

奥さんに味噌小屋を案内していただいた。大きな樽がいくつもあって、味噌はもちろん、ダイコン漬、ハクサイ漬、青菜漬、芭蕉菜漬、ナス漬、キュウリ漬、梅干し……。どの漬物も色あざやかで味も絶品。特産市に出品すればすぐ売り切れそうな食の文化財。何十年も変わらぬ土間のひんやり感が酵母の調和を保ち、それがおいしさの秘密らしい。

風呂場もまた文化財。今どき珍しい五右衛門風呂。モミ殻が燃料だ。燃えカスは灰としてアク小屋に保管し、春に田畑に戻してやるという。ここでは落葉もワラも堀のゴミさえも大切な肥料として生かされている。ことさらに資源循環型農業などとは言わないが、ムダなものなどイグネの中にはないそうだ。

お金がなくてもぜいたくができて、単純なようでも変化があって……

それにしてもこんなに広いイグネ。手入れは大丈夫だろうか。

「台風にやられ、虫にくわれたり、木は全部が順調に育つわけではない。人が手入れをしたり、倒れたら植え替えたりしないと続かない。屋敷林とは人が手をかけた林という意味だと思うな」

　１９６７年に建て替えたあと庄子さんは前よりもたくさん木を植えたという。それが四十数年を経てまた大きく育っている。それを見上げながら、

「それにしても木のある暮らしはいいね。春に桜、梅が咲いて、草花が色とりどりの花をつける。そろそろ田植えだな、と思う頃に竹林から筍が出て、初物は長生きするぞなんて食べてる間にアジサイが咲き、セミが鳴き、トンボが行きかう。秋は木の実が次々に落ちて、それを庭に干して、干し柿を軒に吊す頃はそろそろ冬支度。漬物を漬け終えて、ああひと安心と思う頃に初雪が舞ってきて……。イグネの暮らしはお金がなくても結構ぜいたくができて、単純なようで変化もあって、やっぱり居心地がいいんだなあ」

　どこまでも広がる水田の中にポツンと島が浮かんでいるような屋敷林。遠くから見れば小さな森にしか見えないイグネ。しかしその中には農の宇宙のすべてが、暮らしの知恵と一緒になってぎっしり

とつまっていた。

（4）ニワ（庭）――生産と生活の作業空間

庄子さんの豊かな森をぬけて、さて郊外のわが住む新興団地に戻れば、ここは今、ガーデニングの花ざかり。イギリス風、アジア風……それはそれなりに楽しいのだが、いまひとつ何か物足りないのはイグネに圧倒されたからか。花はあふれているが実になるものがまだ少ない。まだまだ見てくれ段階のガーデニングなのだろうか。

民俗学によれば、ニワ（庭）とは本来、作業場という意味だという。母屋の前の広場だけでなく家の中の土間もニワと呼んだ。そこに季節ごとの収穫物をムシロに広げ天日に干す。穀類の脱穀調製やもちつき、縄ない、わら仕事をする場。農家の多くの仕事はそれゆえニワシゴトと呼ばれた。宮城県の農家の古老は農機具や駐車スペースで広い庭がとれなくなり、やむをえず作業小屋を建てて仕事をしているが、今でもその小屋を「ニワ」と呼んでいる。

農家の庭と都市の庭が近づくとき

ニワとは生産と生活のための作業空間であり、ときに母屋より大事な場所だった。そのニワの力が農家から後退して久しい。しかし近年、直売所や市の活況で、忘れられていた庭先の野菜畑が元気に生まれ変わり、今まで見向きもしなかった屋敷まわりの梅、柿、スモモ、ザクロ、ギンナン、栗、クルミ、さらには豆類や雑穀などの手間のかかる庭仕事の成果が直売所で人気を集めている。農地だけでなく身近な庭ものや里山ものまで農の領域が広がっている。

一方、都市でも、見てくれだけのガーデニングを卒業し、花園を菜園に切り換える市民も増えている。それでも物足りない人は市民農園に進出しているらしい。この動きと変化。まださささやかなものだが私なりに注目したい。

なぜなら、たとえ1本のトマト、ナス、キュウリでも、つくってみれば初めて土づくりのむずかしさ、病害虫や気象の変化の大切さを知る。それが農業と農家の理解につながらないか。

生産と消費。農家の庭と都市の庭。その2つの庭が生活と生産の視点で近づくならば、現今のガーデニングブーム、まだまだ見捨てたものではない。

イグネの聞き取り

3　仕事の地元学
――風土と暮らしの具体に根ざした多彩な副業

（1）暮らしを支える小さな風車

かつて時代の風が都市に向かって強く吹いていたころ、勢いよくまわる巨大な風車は頼もしく光りかがやいていた。だがこの十数年、風の勢いが弱まっていくにつれ、人びとは巨大な風車だけに依存する人生と暮らしに不安と疑問を感じ始めている。むろん大きな力を否定するわけではないが、しかしそれだけにすべてをゆだねない、もうひとつの生きる基盤づくり。それを静かに模索しているのではないか。力はけっして大きくはないが、微風でも着実にまわり続ける暮らしを支える小さな風車。そんないくつもの小さな風車が今日も静かにまわっている場所。それが町であり、村の暮らしである。今、そうした小さな村が少しずつ希望のある場所に変わろうとしている。これまでの企業社会の論理からは考えられない発想で、地域に暮らす人びとの声に耳を傾け、それを地域の新しい仕事にしようとする試み。そのいくつかを点描してみたい。

（2）「おやき村」――企業社会の基準と地域の基準

長野県小川村。雄大な北アルプス連峰が一望される人口３５００人の小さな村。高齢化率40％、耕地の平均斜度21度の山間地農業、と聞いただけで、誰もが即座に衰退していく過疎地を思い浮かべるにちがいない。

だが私は、この村とそこに働く高齢者の姿に、むしろポスト企業社会の可能性をみる思いがする。たとえ高齢になろうとも、人間が本来もっている力を発揮できる場や環境を整えれば、人の仕事の能力はまだまだ花ひらき、生涯を現役で全うしうるのではないか。そう思わせる仕事の場が、今年23年目をむかえる「小川の庄・おやき村」から感じた。村内の高齢者をネットワークした8つのおやき工房からは年間６５０万個の手づくりおやきと１００万袋の漬物が生産され、年商9億円。外見は高齢化にあえぐ典型的な過疎地域のように見えるこの村に、しかもおやきと漬物で9億円。その

「小川の庄・おやき村」でおやきを焼く女性

秘密のひとつは「60歳入社、定年なし」という従業員の採用基準にある。60歳は企業社会では終わりの年齢だが、ここでは新たな始まりの年齢である。

朝、家事を終えた高齢者がゆっくりと集まってくる。まるで公民館の料理教室に来るように、みなにこやかな顔である。集落にある8つの工房までの通勤距離は歩いて15分以内。用事があればすぐに家まで戻ることもできる。86名のメンバーは村の顔なじみばかり。和気あいあいのおしゃべりをしながら、自分たちのペースで仕事が進む。持ち寄った菓子や漬物でたっぷりと休みをとり、しかしおやきつくりとなれば驚くほどのすばやい手さばき。ときに昼寝を楽しみながら、暮らしの中で培った生活技術を生かして日給5600円。月に10万円ほどの収入になる。

おやきの材料は村の農家が育てたナス、カボチャ、小豆、野沢菜などが8つの工房に運ばれ、製品が集配されていく。大きな工場に従業員を集中させ、効率主義で生産性をあげようとする誘致工場とは対極的な、暖かさと笑いに満ちたおばあさんたちの仕事場である。

年老いても元気だから働けるのではない。楽しく働ける労働環境があり地域の仲間と一緒だからこそ元気なのである。その証拠に、小川村の老人医療費は全国平均の6割弱。医療や年金制度の見通しを誤り、うろたえる政府と自治体。さらにはリストラでしか生き残れないとうそぶく企業こそ、人が働くとは何かを、もう一度小川村から学ぶべきではないのか。

積み重ねた人間の経験やキャリアを定年という名のもとに切り捨ててしまう企業社会の論理を打ち破り、地域に生きる高齢者に生きがいと意欲を抱かせる「60歳入社、定年なし」という小川村の試みは、同様の考えに立つ岩手県二戸市の「自助工房・四季の里」の南部煎餅茶屋の活動などとともに、これからの地域の仕事場づくりに大きな示唆とひろがりをもたらしていくにちがいない。

むしろ今問われているのは、企業社会的価値観を絶対のものと受けとめ、その論理を疑うことなく、勝手に人間に年齢制限という規制をあてはめていた私たちの労働観である。企業社会の基準が、そのまま地域社会の基準ではないのである。

おやき村

(3)「直売所」が拓いた「地域の仕事」の可能性

その意味で、規制と先入観を取り払えば、地域の仕事に大きな活力と可能性をもたらすことを証明してくれた「農産物直売所」を、もう一度新たな視点からとらえ直しておく必要はないだろうか。

この十数年、農山村を中心に澎湃としてあらわれた農産物直売所は、その数すでに全国で１万３０００か所を超す。この不況下の十数年に、地方商店街のみならず、都市の商業施設さえも次々にシャッターを閉じていくなかにあって、1万３０００か所もの農産物直売所が生まれ出たのはなぜか？
大きくいうならば2つの理由がある。ひとつはこの国の食料流通を支配してきた広域流通システムの弊害と矛盾。もうひとつは専業農家を中心に押しすすめられる農政の弊害と矛盾。この2つながらの歪みに対してあらわれたのが農産物直売所である。

人間の力ではコントロールがむずかしい自然を相手に営まれている農業と農産物に、自然性を排除し、品質という名のもとに規格基準という工業の論理とモノサシを持ち込んだのは、いつでも、どこでも安定的に有利な販売を目論む流通業界である。季節を無視し、輸送距離を拡げ、それをコストに上乗せし、消費者ニーズの名のもとに工業製品の規格を農家に押しつける流通。そのモノサシがどれほど農家を苦しめたか。たとえばキュウリ。生育するほどに自然に反応し影響され、曲がり太るキュウリという作物に、運びにくいという自分の都合を押しつけ、作物の自然性さえも歪めながら、それが売れるキュウリという商品だと強要した。やむなく農民がこれに従い、農政が追従した。それは異なる自然性を基盤にする地域農業の個別性に規格基準という画一性を押しつける選別だった。耐えかねて多くの農家が農業から離れていった。しかし個々の農家は市場流通とはつきあいをやめたが作物づくりをやめたわけではなかった。家族のために、多種多彩な作物は静かに自給され続けてきた。

一方、押し寄せる輸入農産物。低下し続ける食料自給率。慢性的担い手不足と高齢化等々、後退し続ける農業に歯止めをかけようと苦慮する農政。しかしその解決の道すじは相も変わらず専業農家（全農家数の14％）中心の大規模単一農業という生産効率主義の追求。そして１９９１年、３２０万農家を耕地面積と出荷額という基準を設けて選別した。すなわち30ａ以下の耕地か、年間50万円以下の出荷額の農家を「自給的農家」と規定し、政策の対象から外した。その数約80万農家。食料の自給率向上を訴え、農業の多面的機能を主張する農政が小農を切り捨て、数字合わせと効率主義に走った。

しかし、これは結果的に小農の人びとにとっては幸いだった。農政からの呪縛をとかれ、大農専業農家中心主義からくるゆえない劣等意識から解放されて、のびやかになった。のびやかになって作物を自由に販売する農産物直売所という新しい拠点をもった。曲がったキュウリ、不揃いの野菜だが、とびっきり新鮮でおいしいわが家の野菜をおすそわけする場所が身近にできた。自給的農家すなわち小農たちの希望の場所に都市の消費者が殺到した。市場流通や農政からは評価されない農産物を消費者が支持したのである。その売上げ金額は推計で１直売所当たり年間９７００万円。全国にある１万３０００か所の直売所をあわせれば推計約１兆円。日々の労苦を評価してくれる新しい仕事場が地域にできて、畑と台所の交流が生まれ、地産地消に実質が与えられた。

規模を拡大しても生産性を高めても価格の低下でいっこうに報われない専業農家。このままの専業第一主義でよいのか。直売所に集まるはつらつとした笑顔とは対象的に日本の専業農家が苦しんでいる。小さいけれど農山村に新しい仕事の場を得てイキイキと働く人びとの声に耳を傾ける必要はないだろうか。

（4）わが村のエネルギーは、わが村で

これまでの社会が、いかにサラリーマン専業や公務員専業によって占められ動かされてきたとはいえ、これからもその延長線上でよいのだろうかという疑問があちこちにあらわれている。アカデミズムの世界にもそうした動きが感じられる。

２００３年11月末、仙台市で３日間にわたって開催された「自然エネルギーフォーラム」では、「専業だけでよいのか」という疑問が「巨大なものだけでよいのか」という問に変換され、エネルギーの未来を石油や原子力にのみ依存するのではなく、太陽、風力、地熱、中小水力、バイオマスなどの自然エネルギーを自然条件と経済条件が許す限り最大に利用し、その過不足分を従来のエネルギーによって需給しようというのである。そしてその具現化のために一番大切なのは地域という具体の現場であるという。まず、ひとつの村のエネルギー需要を把握し、それに供給するための第一はその村で利用可能な自然エネルギーを最適に組み合わせてまかなう。不足分は外部から取り入れ、余剰が出たら外に供給する。いわばエネルギーの地域自給である。

私はこのフォーラムに参加し、「あっ、エネルギーにも自給を中心にした組み直しが始まったんだな」と深い感動を覚えた。食べものの自給の大切さはしばしば言われるが、エネルギーの世界にもそうした考えが導入され始めている。時代も確実に変化し始めたぞ、と感慨にふけっていたら、この自然エネルギーの地域自給の提案者であり発表者である東北大学大学院環境学研究科教授の新妻弘明さ

んが私の耳もとでささやいた。

「この考えは、あなたが力説している農産物の地産地消と同じなんです。私たちの考えもエネルギーの地産地消です。これからの社会は地域経済やセキュリティ、環境問題を考えても、今までのやり方ではもちません。それぞれの具体の地域の人びとと話しあいながら、地域のためにわが地域のエネルギーを最大限に生かそうと呼びかけるつもりです。むろん自然エネルギーなんてたかが数％しかまかなえないという批判もありますが、地域によってはエネルギーの70～80％をまかなうことが可能だというのが私たちの予測です。巨大なものだけでは危険です。小さな地域だって大きな可能性がこれからはひらけてくる時代です。そんな地域をどんどん増やしていきたいですね」と、新妻教授は笑った。

　そして新妻教授のレポートは次のような言葉で締めくくられていた。

「昔、村の小さな水車は、ソバや雑穀の利用を促進し、炭の利用は関連した生業を生むと同時に、雑木林の保全や近海海洋資源の育成に役立っていた。他の産業や地域環境、地域文化と密接に関係していたエネルギーシステムは、化石燃料の経済性と利便性が故に消滅してしまった。今、環境問題が顕在化するに及び、地域の文化や地域のエネルギーがみなおされようとしている。これに我が国の科学技術を連結させて、地域の活性化と環境貢献を両立させたＥＩＭＹ（Energy In My Yard）をぜひ、近い将来、日本から世界に向けて発信したいものである」

　新妻教授のいうＥＩＭＹとは「わが村のエネルギーは、わが村で」というエネルギーの地域自給の呼びかけであるが、これからの持続可能な村づくりにとってエネルギー問題はさけて通れない。自分の村で使うエネルギーはいつまでも他人まかせにしないで、村の自然資源を生かして村人自身がつくり、それを維持管理していく。そんな仕事も農業の副業として成り立つ時代がもうすぐやってくるのかもしれない。

(5)「小鹿田焼」――３００年続く副業としての陶芸

そういえばやはり２００３年秋訪ねた大分県日田市の小鹿田《おんた》焼の10軒の窯元は、すべて今でも自然エネルギーの元祖ともいうべき水力の唐臼で陶土をついていた。そして今なお昔ながらの蹴《け》ロクロで形をつくり、里山から伐った薪で登り窯をたいている。次々と焼き物の産地が消えていくなかで、なぜ小鹿田焼は生産の近代化もせず、３００年以上も変わらぬ流儀を守りながら生きのびることができたのか不思議でならなかった。

その秘密は、陶芸を農業の副業に位置づけ、けっして専業にしなかったことと、生産の思想をもったこと、すなわち自分たちの生産量は水力の唐臼が1日につくれる陶土の量を超えないこと、という生産の基準を守ったことにある、と教えてくれたのは、大分県旧湯布院町に住む日本一の木工ロクロ師・時松辰夫さんだった。これからの村の仕事、あるいは村の副業を考えるうえできわめて示唆にとんだ指摘だと思えるので、少々長いが、かつて時松さんから聞き書きした一文を紹介してみたい。

――こうした工芸の試みを、私はあくまでも副業として位置づけたい。農業はもう駄目だから、林業にもう先はないから、それをやめて工芸をやりなさい、とは絶対にいいたくない。工芸が金になるから、あわよくば乗り換えてという考え方にも同意しない。なぜなら、日本においては本来、生活の基盤は農業と林業にあったのであり、生活用品のような手作りの出自は農業や林業の副業にあるからだ。そこから離れてしまうと、技術は風土性を失ってしまうのではないだろうか。

　私の住む大分に小鹿田焼という焼き物がある。これは三百八十年くらい前に朝鮮から伝えられたもので、日本の陶芸の中では比較的原形を保つ焼き方をしている。たとえば、土は唐臼で砕いて漉して上水をくみとり、これを沈殿させてつくっている。だから必然的に使える水の量と粘土の量が決まってくる。つまり焼き物の生産量を急激に増やすことのない生産形態なのだ。陶工の数も増やさないように世襲制がとられていて、今は十軒の家が守っている。

少ない水を上手に利用し、土を砕く小鹿田の唐臼

　この焼き物は長いこと農業の副業として行われてきた。米を作り、その片手間に焼くという生産形態がとられてきたわけだ。もちろん今では大分を代表する工芸品

蹴ロクロで形をつくる

としてだけではなく、世界の小鹿田焼として人気が出てよく売れるので、米を作らなくてもやっていけるし、中には専業にする家も出てきている。ただ、私が見てはっきりといえるのは、主業として焼いている人と農業の副業として焼いている人の作った物を比べると、副業としてやっている人の焼き物の方が明らかにいい、ということだ。素晴らしいものが上がる。

これはとても大事なことを示唆していると思う。つまり、陶芸だけを見て陶芸をやるのと、農業の中で陶芸を位置づけていくのでは、制作段階における風土の感情の入れ方が違っているというのだろうか。農業の副業としてつくられるものには、陶芸作家、個人というものの存在を超える風土性、歴史性があるように感じられる。それが無理のない美しい形に現われているように思う。その土地の風土や歴史を背負った技術が長い錬磨を経て、そこに表われているように感じられるのである。私がもっとも評価している小鹿田焼の陶工はいつも「俺は一流の作家になるとか、世の中に二つとないものをつくってやろうとか、そういうことは思わないよ。俺たちはもともと農業をやりながら焼き物を身につけたんだから、米作りはやめない。それが一番いいやり方なんだ」と話す。彼は、副業として続けるのがもっともいいやり方なんだということを子どもに伝えるためにも、そこのやり方を守って次の代に引き渡したいと思っているのだ。

その地域にとって、何が主で何が従なのか。これを十分に見極める必要がある。お金になるからといって安易な転換を繰り返していくと、もともとあった地域の形は失われ、生活の形も崩れていく。工芸の技術を副業としてとらえることは、地域の農業や林業を、ひいては農山村の生活の形を維持し、守り、質を高めることにも直接つながっていくはずだ（河北新報社「東北学文庫２」『風土にみる東北のかたち』１９９２年刊より）。

日本の多くの農村は、農業だけでは食べられない現実に苦しんできた。それをどう克服し、村をいかに楽しい暮らしの場にしていくかを絶えず模索してきた。そのなかから村にじつにたくさんの仕事や稼ぎが生まれた。多種多彩な副業や兼業をつくり出してきた。しかし現在の日本においては、農政や財界にみられるごとく、なお農業を専業中心でとらえる考え方が支配的である。しかし江戸時代の為政者のように彼らが、いかに勝手に専業を聖化しようと、それは年貢や税収を目的にした支配者の農民像にすぎない。百姓はもっと多種多彩な力と技と考えをもっている。

歴史学者網野善彦さんが能登の時国家の文書や全国各地の海民の研究やフィールドワークを通じて

小鹿田の登り窯

「百姓イコール農民に非ず」と強く主張し続けてやまないのは、一刻も早く支配者による農民像をぶちこわさなければ、この国の地域も人間も、のびやかに生きていけないのではないかという危機感からのものであると思いたい。そのためにはまず職業の「専業という呪縛」から抜け出そうと呼びかける。それは時松辰夫さんの「もっと地域に風土を生かした多彩な仕事の場を」という呼びかけに通じている。

(6)「いわて型」

――食とエネルギー、仕事の地域自給

「もっと地域に風土産業を!」――それに呼応するかのように地産地消運動の先進地、岩手県は、農産物の地域自給だけではなく、エネルギーの地域自給に取り組んでいる。豊かな山林資源に恵まれた岩手。しかしそこは木材の価格低迷でなかなか人の手が入らない。まさに荒れなんとする山林資源から新たな価値を創造すべく、バイオマス技術を活用した木質ペレットストーブが開発され、本格的普及を前にさまざまな実験が試みられている。

木質ペレットの原料は、これまで捨てられていた樹皮。燃焼させても大気中の炭酸ガスを増加させることはなく、地球温暖化防止に貢献でき、灰は木灰として土壌改良剤になるという資源循環型。すでに３つ目のペレット製造工場が建設され、生産量が安定すればコストは石油なみになるという。伝統工芸南部鉄器の技術と最先端の科学技術から生まれたペレットストーブには「いわて型」と名前がつけられている。

岩手県民の暖房は岩手の山林資源を有効活用してまかなうという発想。しかもこれらが普及すると公共事業30%カットによって出る失業者を、林業や農業とジョイントすることで４０００人ほどは引き受けられると増田寛也知事（当時）は胸を張っていた。

第１回の国勢調査が始まった１９２０年、国民から申告された職業はじつに３万５０００種にのぼったという。この職業の多様さこそが日本の暮らしであり文化の基であった。そしてそのひとつひとつの職業が多彩なネットワークを組み支え合っていた。それにくらべサラリーマン、公務員、医師、教師など現代の職業はなんという狭い場所に追いこまれ、あえいでいることか。これら３万５０００種の職業とは、地域の人びとの暮らしの必要に対応して生まれた。

近年、公共事業の削減によって地域の建設業が農業分野とジョイントして成果をあげているという。建設業どうしのＪＶ（ジョイントベンチャー）もゼネコンの失墜であてにはならなくなったからなのか、建設業に従事する人びとがあらためて自分の暮らす地域を見つめ直し、そこに新たな可能性を見つけ出そうとしている。

そこに巨大なもの、単一なもの、専業的なものの呪縛から解かれた人びとの明るい笑顔が浮かんでくる。たとえ今は貧しそうにみえる地域も人の心がつながれば大きな可能性がひらけてくる。地域の人びとの暮らしの必要と期待に応える多種多様な新しいＪＶの可能性をさぐっていきたい。

4　みんなの気持ちが集まる場所さえあれば
——沖縄「共同店」、宮城「なんでもや」

(1) 身近な隣人、商店を失って

経済学者の神野直彦さんが、その著書『地域再生の経済学』（中公新書）で、スウェーデンの小さな町で経験したおもしろいエピソードを紹介している。

——スウェーデンのストックホルムから１００㎞ほど離れた小さな町にある職業訓練所を訪ねたことがある。ヨーロッパのどこにでもあるような小さな商店街がある田舎町で、町の住人たちはみな、田舎だから物価が高いとこぼしていた。ここからストックホルムはそんなに遠くないのだから、どうしてストックホルムに買い物に行かないのかと訊くと、そんなことをしたら地元の商店が潰れてしま

う。商店街が消えて困るのは町の住人で、なかでも車に乗れない子どもやお年寄りだ、だから少々高くても日用品は地元の店で買う、と住人たちはいうのである。地域共同体が生きていれば、町は空洞化することはない。

このエピソードを読みながら、さまざまなことを考えさせられた。この十数年、東北の小さな村や町を訪ね歩いてきたが、いつもつらい思いにさせられるのはシャッターを閉じたままの、ひと気のない商店街。あれは長引く不況や大型店などの外圧に耐え切れずに起きた経済と経営の問題だと思っていたが、それだけではなかった。地域共同体の弱りの裏返しでもあったのだ。

たしかに「経済の戦後」というきびしい荒野は広がっていたが、そこで必死に再生を模索する動きを私たちは孤立のままに見過ごしてしまっていた。私たちが目先の安さや利便さに心を奪われている間に、多くの身近な隣人たちを失ってしまった。

身近な商業者を失いつつあるのは町場に限らない。山村ではさらに深刻である。宮城県の最南端に位置する丸森町大張地区は戸数約３００世帯、人口１０００人の集落。棚田百選に選ばれた沢尻棚田に代表されるような、標高４００ｍほどの山間の地。この村では、1軒の商店もなくなってしまった。8年前、ＪＡの合理化策によって購買部が閉鎖された。追いうちをかけるように6年前、村に1軒だけ残っていた商店が不況のあおりに耐え切れず店を閉じてしまった。困ったのは約１０００人の住民である。のし紙、封筒1枚買うために数km離れた街まで下りなければならない。失われて初めて知る商店のあるありがたさ。若い人なら車でまとめ買いもできようが、村は4割近くが高齢者。車を運転できない人が多い。

ちなみに島根県中山間地域研究センターの調査報告書によれば、島根県内の中山間地域に住む人の41・8%が運転免許をもっていないという。しかも女性の53・9%、65歳以上の女性では86・1%が自分で運転できない人びとである。店がなければ車で買いに行けばいいじゃないかと気楽に言えるのは都市的発想である。丸森町大張地区もまた島根県とほぼ同じ事情。不便さをかこつ村人の現状をみかねて地元有志で店をつくろうかという動きもあったが、果たしてこの不況下、見通しが立つのか逡巡していた。

そんなおり、何かよい方策はないものかと相談を受けた。私自身、ときどき頼まれて地域づくりの手伝いをする。依頼主はたいてい行政関係者。住民相手の地域づくり教養講座的なものが多い。しかし今度のはせっぱ詰まった村人からの現実的なテーマ。果たしてその愁眉をひらくことができるのかどうか。思い出したのは前年の春調査したばかりの沖縄・やんばるの「共同店」。もしかしたら沖縄の知恵が東北山間の村人に受け入れられるかもしれない。

「共同店」についてはその一部を『21世紀は江戸時代』(「増刊現代農業」２００３年8月号)にレポートしていたので、世話人たちには事前に読んでもらっていた。果たして当日、地区の公民館には予想以上の人びとが集まっていた。村から店がなくなって不便と不安を抱えていたのは高齢者だけではなかった。子どもを抱えた若い母親たちが多いのは、この村の将来を案じてのことだろうか。

(2) みんなで出資し育てた「共同店」

いくぶん緊張した雰囲気のなかで、私が村の人びとに話したことは以下のとおりである。

やんばるの共同店のひとつ、大宜味村の「謝名城協同組合」（「やんばる」は沖縄本島北部の総称）

――沖縄の共同店とは何か。それは集落に暮らす赤ちゃんからお年寄りまで村民全員、あるいは全戸が株を出資して設立した「みんなの店」であること。共同店は１９０６年に沖縄最北端の、わずか２００戸ほどの小さな「奥」という集落から発足し、それが各集落に広がり、戦争期の曲折を経て、いまなお、やんばる地方を中心に30ほどの店があり村の暮らしになくてはならない存在であること。その機能は村で生産される農林産物の集出荷と村人が必要とする生活物資の購入販売という、いわば農協と生協の役割を併せもった独特の店であること。

そしてもっとも大切なことは、共同店から得られた利益の使い道。村民総会でみんなで検討協議して、村のみんなに役立つものを実現させている。教育では学資の貸付け、育英奨学金制度。医療では病気時の貸付け。交通不便な土地ではバスの運行や資材運搬のための船やトラックもその利益から購入して運営していること。電気のない時代には発電所を建設して家庭用の電灯をともしたこと。村の産物を生かすための酒造工場、製茶所、精米所を建設運営し、やんばるの山林を豊かにするための造林事業も共同店の利益で手がけるなど、本土では行政がやってあたりまえの事業を、村人全員出資の店の利潤で運営するという、村民の、村民による、村民のための共同店であること。

たとえ小さな力であろうとも、その力が集まったときに発揮される大きな力と可能性。行政や企業に頼るのではなく、村人みんなの意志と力で切りひらいてきた自前の拠点であること。その理念は「みんなで出し合い、育てて」。みんなで持ち寄り、知恵と汗を出し合い盛り立てていく。共同店がよくなることが、自分たちの暮らしもよくなること。

最近、やんばる地方にも本土の大型スーパーが進出し、連日安売りのチラシが届く。その価格は共同店のよりも1、2割はたしかに安い。それがやんばるの共同店を苦しめている。車をもつ若い人のなかには、大型店でまとめ買いする動きもあるが、多くのやんばるの人びとは変わらずに共同店を利用している。私たちは目先の安さを追いかけて、それで得をしたと思っているうちに、身近な商店や隣人を失ってしまった。ともに暮らしていく人びとを失って何が村づくり、何が地域づくりだろうか。大型店の利益は何ひとつ地域に還元されることはないけれど、共同店は自分たちの暮らしをよくしてくれる。そんな共同店を、この東北の地、丸森町大張地区につくれないだろうか。

ざっと以上のような話を大張地区の人びとにした。

「それは昔のような結《ゆい》や講のようなもんだな。お互い様の精神が店というかたちで今も生きているなんて、たいしたもんだな、沖縄の小さな村は……」と長老たちが驚く。やがて２、３の質疑のあとに、赤ちゃんを抱いた若いお母さんが手を挙げて「もし私たちの村にも沖縄・やんばるのような共同店がつくれるなら、私も出資したい。そして大きなスーパーではなく、その店で買い物をしたい。そしてもし将来利益が出て、それがこの子らのために役立つことになるならば私は応援したい」と発言した。それに同調するように晴れやかな顔が、いくつもうなずいていた。

（３）東北版共同店「なんでもや」

それから１か月余りたった12月６日、丸森町大張地区に、東北版共同店がオープンした。あの集会のあとすぐ、村人の熱意をなんとかしたいと、律義な区長さんたちが村を一軒一軒まわって、１世帯２０００円の協力金出資を呼びかけた。「みんなで出し合い、育てて」という沖縄の共同店の精神が、東北山村の人びとの胸にまっすぐ届いたのだろうか、なんと８割近くの家々が協力金を出してくれた。これに土木や電気工事などの地元企業が10万円ずつ、大張地区に住む役場職員も個人的に十数人が出資し、これを仕入れ資金などにして準備が進んだ。むろん店の内装や陳列棚はみんなで夜遅くまで手づくりして開店にこぎつけた。

みんなで出資した大張物産センター「なんでもや」

みんなで考えた店の名は「なんでもや」。この村に暮らす人が必要とするものならなんでも対応しようという意味が込められている。商品構成は加工食料品と日用雑貨、地場野菜と工芸品が中心。小さなスーパーと農産物直売所が一緒になった雰囲気。もちろん注文すればなんでも取り寄せてくれる。開店してまもなくクリスマスケーキが40個も注文された。宴会の刺身の盛り合わせが街の魚屋から届く。公民館で使う弁当も「なんでもや」を通じて注文される。

こうして「なんでもや」の協力店は今では70店ほどになった。それまでは個別に注文していたが、店を通じて頼めば「なんでもや」に手数料が業者から支払われる。町の商業者と村の暮らしを「なんでもや」がつないでいる。開店以来6年、年間の売上げは約４０００万円。月に３００万円になる。1世帯平均月に1万円の買い物を「オラたちの店」でするようになった。

店ができて村人の生活にも少しずつ変化があらわれた。ご主人を亡くして製造をやめていた豆腐屋の奥さんが、評判だったあの豆腐をもう一度復活させたいと、朝早くから地元の大豆を使って豆腐づくりを始めた。スーパーの3倍は大きい香り高い豆腐が店に並ぶと、午前中で売り切れる。売上げは月に7万～8万円だが、それよりも、なつかしい豆腐を話題に村人の話の花が咲くのがもっと嬉しい、と張り切っている。

そういえば店内に備えられた茶飲みのテーブルには、いつも誰かが腰をかけておしゃべりをしている。近くの小学生が放課後に次々とやってきて、店内はお年寄りと孫たちの、ちょっとした交流会。「なんでもや」はいつのまにか村の寄り合い所。人と人をつなぐ新しい拠点になった。

その出会いの場からさまざまな行事が生まれている。花見、盆おどり、きき酒会など、村人だけでなく評判を聞いてやってきた棚田めぐりのツアー客との話もはずむ。店員は2名。ちゃんと給料も出ている。忙しいときはみんなが手伝う。

「この店ができて、なんだか村が元気になったみたい。みんなの店だもの、儲けに走らず、大切に育てなければ」と、茶を飲む村人が口をそろえる。「なんでもや」は久しく離れていた村人の気持ちがもう一度集まる場所になった。まだまだ小さな村には希望があると思った。

高度な消費社会日本にありながら、消費の拠点たる身近な商店を失った丸森町大張地区の人びと。失ってみて初めて知る大切な何か。それを取り戻そうとするかのように村人みんなでつくりあげようとしている「なんでもや」という共同店。その活動を見ながら感じることは、すべてはもう一度、地域という現場で、関係の結び直しから始まるのではないかということである。

なんでもや店内。左のおじいさんは、年金が出る日にはずっと店にいて、立ち寄る小学生たちに「どこの孫？」と聞いてはアイスクリームを買ってあげている

長い間私たちは、それぞれに豊かな暮らしを追いかけてきた。そしてたくさんのものを獲得し、それなりの豊かさを実感した。しかし何かが足りない。何か大切なものを失ったような気がしてならない。それを静かに胸に問えば、その最大のものは、人と人の関係なのではないか。

同じ地域に住みながら、人と人、家族と家族がタコ壺にこもったように疎遠になってしまった。それがあたりまえであるとさえ思っている。都市に限ったことではない。小さな村もまた、かつてのように互いに支え合う関係を希薄化させている。もう一度強い絆をとりもどしたい。そしてその力によって自分たちの暮らしの場を整え直したい。そんな試みが東北の小さな村で始まった。

2006年10月、沖縄県国頭村奥地区の共同店100周年記念祝賀会には「なんでもや」関係者も３名招待された

（4）工芸の手仕事と百姓の手仕事

バラバラになったものを、もう一度つなぎ合わせたいという試みは村づくりに限らない。便利なモノに囲まれ充実していたはずの暮らしの内部でも、自分とモノの関係を問い直す動きが始まっている。

宮城県旧鳴子町で２００４年秋開かれた「手仕事フォーラム」。ここで問われたテーマも、暮らしの道具のつくり手と使い手の距離の問題であった。

かつて柳宗悦によって提唱された民芸運動も、高度な消費資本主義社会の商品化の波にほんろうされ、民芸が本来もっていた用と美のバランスがあやうくなっている。使う相手の姿を見失って作品化や作家性という自己目的に走るつくり手たちの閉塞感。民芸を使うためではなく、所有することの自己満足のために買いあさるブランドコレクターのような消費者。道具から、つくる、使う、暮らす、生きるという生活性や労働性を消し去り、財としての評価で流通されている民芸品。

こうした状況に危機感を抱いた日本民芸協会常任理事の久野恵一さんは「手仕事フォーラム」設立の思いをつぎのように語る。

「手仕事は、美しい自然と人のつながり、地域社会の歴史と風土、そして長年の技術的伝統から生まれます。しかし、こうした本来の手仕事を取り巻く環境は、大量消費社会が生み出した今日の環境問題と同様、現在はきわめて深刻な状況下にあります。私たちはこれを文化の環境問題としてとらえ、問題の本質を話し合い、問題解決に向けて活動するために、手仕事フォーラムを設立しました。私たちの関心はつくり手に向けられ、本物の『手』を求めて全国を歩いています。その活動を通して、『手』は自然と地域社会が守り育てるのだということがあらためて見えてきました。そして文化の環境問題は現代の農業や林業などが抱える問題と同根ではないのか……というテーマも見えてきたのです。この一歩踏み込んだ問題を話し合うために、私たちは農村の原風景が健在な宮城県鳴子町の石の梅地区を選びたいのです」

手仕事を取り巻く問題は文化の環境問題であるといい、それは農業や林業が抱える問題と同じであるといい、それを一歩踏み込んで話し合いたいと申し出られて、私に断る理由はない。いや、むしろ本気で話し合いたい。そう答えた。東北の農山漁村を訪ね歩きながら人に会い、たくさんの話を聞きながら思い知らされたことは、百姓仕事とは手仕事であるということ。たとえ機械を使って土を耕そうと、種をまき、間引きをし、支柱を立て、せん定し、作物を育てることは手仕事の積み重ねであることをあらためて知った。

東北の小さな村でたくさんの百姓という手仕事人に会い、いつしか私も手の仕事人になりたいと思うようになった。手の力を私も身につけたいと思った。そして息子とともに農業を始めるようになった。だが、一方で、その百姓の手仕事のゆくえは、時代が寄せる表層的な食への関心とは裏腹に想像以上に深刻であることも同時に思い知ることになった。農の手仕事のゆくえは私たちの社会の根幹にかかわるものでありながら、予断を許さぬ状況にあること。しかし農の手仕事を農にかかわる者たちだけで解決にあたることは限界がある。もっと多くの人びとと、もっと異なる仕事の人びととつながって考えなければならない。そう思っていた矢先のことだった。

(5)「雪調」――手仕事の国・東北

もうひとつ、手仕事に関する私のささやかな体験と思い出があった。１９６０年、中学を卒業した私は山形県新庄市にあった農林省の農村工業指導所で1年間、ホームスパンの研修を受けた。民芸運動の祖、柳宗悦の影響下にあった父が、体の弱い私の将来を考えて、手仕事を身につけさせようとしたらしい。その指導所は農村にある地域資源を工芸や工業の視点からとらえ直し、衣食住の生活向上と農家経済に資するという目的で設立されたもので、そのルーツは１９３３年、雪国の農村振興のために設けられた「農林省積雪地方農村経済調査所」（略称「雪調」）だった。

雪調の活動は多岐にわたったが、そのひとつの柱に副業としての農村工業の振興があった。それはやがて初代所長山口弘道と柳宗悦、河井寛次郎との出会いにより、雪国の民芸運動に発展していった。さらには建築家ル・コルビジェの仕事上のパートナー、インテリアデザイナーのシャルロット・ペリアンの参画指導により数々の雪国工芸の花が開いていった。

稲わらというありふれた素材がランドセル、雪兜、折りたたみ式寝台や椅子などのみごとな民芸になっていった。その輝かしい手仕事の歴史の流れの末席に私もいたのだということを、ささやかな誇りにもしていたのだが、のちになって柳宗悦が『手仕事の日本』（岩波文庫）という著書の中で、「東北は手仕事の国である」ときっぱりと評価しているのを読み、手仕事に対する私の思いは決定的なものとなった。

雪国の寮生活のなかで、羊にまたがりその毛を刈り、草木の染料で羊毛を染め、1か月余をかけて朝から晩まで毎日糸を紡ぎ、織機にかけてパッタンパッタンとさらに1か月。ようやくにして1着分の生地が織りあがる。ホームスパンはひとり孤独な作業の日々ではあったが、少しずつ紡ぐ毛糸が大きくなる嬉しさ。織りあがっていく喜びを少年ながらも味わうことができた。とはいえ、わずか1年の研修である。何ほどのものが身についたわけではないが、農と工芸はけっして別々のものではない、との思いは今になっても消えることはない。

（6）誂え合う暮らしを再び地域に

使う相手を思いながらコツコツとつくる手仕事、工芸。食べる相手の笑顔を思い浮かべて育てる手仕事、農業。「東北は手仕事の国である」と呼んだ柳宗悦の心を、私なりにそう受けとめたい。

しかし、残念なことに、その２つが少しずつ離れてしまった。すべてを買う暮らしにゆだねてしまっているうちに、身近にそうした人びとがいることさえ忘れてしまったかのような東北の人びと。地元によりよい暮らしの道具をつくってくれる人がいるしあわせ。もう一度、つくり手と使い手の距離を縮めたい。そのためにかつてあった「誂《あつら》える暮らし」の内実を問い直してみよう。

鳴子町石の梅地区で行なわれた「手仕事フォーラム」は40都道府県から陶磁器、染織物、木漆工品、硝子、金工品、和紙、竹・蔓・樹皮・草藁の編組品など３００余点が湯治宿いっぱいに展示され、名人・高橋

「手仕事フォーラム」会場の庭先で田植え踊りを踊る宮城教育大学「みやび座」の学生たち

上の棚は秋田県横手市・中川原信一さんのアケビ蔓細工

交流会では大分県の小鹿田焼の大皿７枚に東北の山の幸、川の幸が大盛りに

邦宏さんの手打ちそばを味わうというぜいたくさのなかで、さらには庭先で宮城教育大学「みやび座」の田植え踊りというあでやかさを楽しみ、「誂える暮らしを再び地域に」との共通認識を確認して終了した。それはもう一度、暮らしの現場からつながって、よい地域をつくろうという呼びかけでもあった。

第2章　今、ここにある資源を地域の再生に生かす

1　農商工連携で地域資源をとらえ直す

(1) 耕作放棄と空き店舗は地域の共通の課題

1960年頃までの東北は就業人口の6割は第一次産業に従事していた。その後、急速な都市への人口流出で、現在は1割を切ってしまった。農山漁村は過疎となり、都市は過密に、そして生活スタイルも単純化した。

やがて世紀末になりバブル経済が崩壊すると、都市の人びとの意識に変化が起きた。たしかに豊かな経済は手にしたが、たくさんの大切なものを失った。ふるさと、自然、人情、季節感、人とのふれ

あい。

そして21世紀。人びとは失ったものを取り戻そうと動き始めた。農山村に出かけて、直売所でとれたて野菜を買い、素朴な農家レストランの郷土料理を味わう。すでに数十万人の定年帰農者が生まれ、グリーンツーリズムへの関心も高まっている。それを一言で言うなら、都市住民に着実に広がるふるさと志向、自然志向。

しかし都市住民にそうした動きが高まっているからといって、そのままでは行動に結びつかない。そうした人びとに向けた提案力と、その受け皿づくりが求められている。多様な地域資源の組み合わせ、多彩な人材と技術の連携をはからなければならない。そんな動きのひとつとして注目したいのが商工会と地域との連携である。

ここでは、宮城県丸森町での商工会と地域との連携を例に、地域資源をどうとらえ、どう生かし、どのように地域の活性化に結びつけていこうとしているかについて紹介する。

この丸森町での取組みの特徴は、農山村に進行する耕作放棄と中心商業地の空き店舗化は同じ地域の共通の課題であるとの認識のもとに、丸森町商工会が音頭をとり、農商工はもとより消費者、行政、各界各層の参加を得て、まずは連携して地域の特産品づくりに乗り出したことである。そして、その特産品づくりの第一歩として、地域内にある資源の調査から始めたことである。商品化できそうなものだけを集めるのではない。丸森町では、どんなものを、どのように利活用してきたのか。たとえ少量のものでも切り捨てず、ていねいに拾い上げていった。

（2）地元購入率23％

宮城県丸森町は、県の最南端に位置する人口１万６７９２人の典型的な中山間地である。就業人口は８１１９人で、そのうち26％が農業に従事している。しかし担い手の50％は65歳を超え、耕作放棄率も20％になろうとしている。

一方、商店数は１９５店で、いずれも中小零細経営。この10年で27％が店を閉じ、空き店舗が目立ってきた。商圏も隣接する角田市や隣県福島への流出が高く、地元購入率はわずかに23％である。

宮城県には35の商工会があるが、その80％は農村地域に立地している。かつて昭和40年代までは農商工のきずなは強かったが、その後の農村人口の流出、流通環境の変化で、農と商工の関係は希薄になってしまった。消費行動がますます外部に依存する割合が高まるなか、このままでは地域自体が崩壊しかねないとの危機感が募り、もう一度、農と商工一体になって、地域住民にその存在理由と信頼を取り戻すべく、連携への模索が始まった。それが、丸森町商工会が音頭をとって、農商工だけでなく各界各層の連携のもとに取り組まれた特産品づくりである。

（3）地域の生活に育てられて今日あるものを土台に

忘れられた地域に内在する少量の資源

もともと地域資源は、そこに暮らす人びとの生活を支えるものとして自然や風土の中にあった。人びとは時代時代のなかで、それらにさまざまな活用の工夫をこらし、自らの暮らしを高めようと努力してきた。栽培技術、加工技術、保存技術が次第に積み重ねられ、伝承され、ついにはその余剰を他地域と交易交換するまでになった。これが初期段階における地域特産品であるが、それゆえそれらは地域固有の風土と知恵の結晶と不可分のものとして存在した。

しかし、このようにしてつくられてきた地域特産品は高度な技術革新や広域流通システムの発達によって相対化され、後退を余儀なくされ、消えていくものも少なくなかった。そのため地域資源に対する関心は薄れ、さらに大量生産、大量流通、大量消費社会の定着は、資源の概念を「大量に生産供給されるもの」との認識を固定化させ、地域に内在する少量の資源はますます忘れられていった。人びとは大量に生産される画一的商品群を利用することがあたりまえになり、その結果、生活も地域も平板で個性のないものになってしまった。

宮城県丸森町の試みは、こうした背景のなかで見失われがちな未利用少量資源にあらためてスポットをあて、これをていねいに掘りおこし、その可能性をさぐり、その現在的および未来的活用の道を見つけようというものである。

地域資源カレンダー

これまで地域資源というと、性急に商品化をめざすあまり、大量に安定的に供給可能なものだけに関心が集まりがちだった。さらに販売先として都市の巨大マーケットを想定したため、米や特定の野菜加工などに終始し、結果として競争原理にさらされ、多くのものが短命に終わった。

丸森町はこの反省のうえにたち、大量安定通年供給資源だけでなく、たとえ少量で季節に限定されるものであっても、それは希少価値資源であるとの認識に立ち、積極的に拾い上げてみた。調査の結果は「資源カレンダー」としてまとめられた（表2－1）。むろんこれ以外にもまだまだあるはずだが、第一次段階としてはこれを土台としたい。

なお資源調査については外部の専門家やアンケート配布などによって行なうことも可能だが、丸森町の場合はそうはしなかった。主婦や農業関係者など実際にそれを利活用している人によって構成された地域資源調査事業推進委員会17名と事務局の2名の調査メンバーの記憶や経験の中にあるものをリストアップしてもらった。調査期間は半年だったが、このほうが実感的であり経費もかからず、より深い情報が得られる。

「資源カレンダー」の名が示すとおり、収穫採集期間、生産量の判断、栽培地の特定、食べ方、現在までの活用法、保存法、特記事項など多角的な視点からの評価を加えてある。この調査は、参加したメンバーの知識と経験の総合化であり、先人たちの活用に学ぶ視点と、どれだけ資源が生活に根づいているかを確認したかったからである。前述したように、性急な商品化を急ぐあまり、土地固有の活用法を無視し、奇抜さやアイデア性や流行に流される商品化をさけるためである。表層的な意匠や画一的な方法に走らず地域の生活に育てられて今日あるものを土台に活用を図りたい。そのほうが地域の人びとの参加や協力を得やすい。

カレンダー（一部）

特記事項	食べ方・活用	保存
	もちやだんごに入れる、凍みもち 乾燥して粉末状にし、ヨモギ酒にして血止めに使う	冷凍
	汁の具、おひたし、漬物	塩漬・味噌漬
	おひたし、てんぷら、和え物	
	おひたし、煮物、漬物、和え物、山菜ご飯	塩漬・乾燥・冷凍
	油炒め、煮物	茹でた後もみながら乾燥
栽培する方も増えている	酢の物、てんぷら、汁の具、きんぴら、味噌漬	
	おひたし	
栽培する方も増えている	きゃらぶき、砂糖菓子、煮物、炒め物、おひたし	びん詰・塩漬・乾燥
	ねばりが強いので、出し汁か味噌汁で薄めてご飯にかける	
	煮物、ご飯、炒め物、味噌汁、てんぷら	塩漬・びん詰・冷凍
	煮物、炒め物、味噌汁、てんぷら	塩漬・びん詰・冷凍
	葉—和え物・味噌・佃煮、実—味噌・佃煮・薬味、木—すりこぎ	乾燥・冷凍
	お茶、てんぷら	乾燥
舘矢間地区に多い	生食	煮て冷凍
	梅干し、カリカリ漬、甘梅漬、梅酒、ゼリー	漬物として保存
クワは生活習慣病を予防するなどの効能に着目	葉—てんぷら、お茶 実—ジュース、生食、ジャム、クワゴ（桑の実）酒	

表2－1　丸森町の資源

		1月	2	3	4	5	6	7	8	9	10	11	12	収穫量	栽培収穫地
山菜	ヨモギ			—	—	—								普通	全域
	沢セリ				—									少ない	点在
	タラノメ				—	—	—							多い	全域
	ワラビ				—	—	—							多い	全域
	ゼンマイ				—	—	—							少ない	点在
	山ウド				—	—	—							普通	点在
	シドケ				—	—	—							少ない	点在
	フキ				—	—	—							普通	全域
	ヤマイモ（ジネンジョ）									—	—	—	—	普通	全域
野山・屋敷	タケノコ（孟宗竹）				—	—								普通	点在
	タケノコ（八竹）					—	—							普通	点在
	サンショウ						—							普通	点在
	チャ				—	—								少ない	点在
	モモ						—	—	—					少ない	点在
	ウメ						—							普通	全域
	クワ				—	—	— —	— —						多い	全域

特記事項	食べ方・活用	保存
	甘柿は生食、渋柿は焼酎で渋抜きし樽柿または干し柿、柿渋	干し柿
	ご飯、てんぷら	
	ご飯、菓子、すり鉢ですったものを和え物、もち	
	茹で栗、ご飯、栗ふかし、羊羹、栗きんとん	冷凍
	生食、甘煮、乾菓	びん詰・乾菓・冷凍
	あくを抜き乾燥して炒って食べる	
	葉—てんぷら・おひたし、実—生食・てんぷら、つる—細工もの	
大内地区で多く栽培	医薬品の原料として出荷	乾燥
種無しで果汁が多い多田錦が出荷できるようになった	生食、砂糖漬、酢漬	佃煮・細かく刻んで乾燥
	鍋物、炒め物、てんぷら、ご飯	塩漬・乾燥
	鍋物、炒め物、てんぷら、和え物、ご飯	塩漬・乾燥

既存の特産品も見直す

今回の資源調査では既存の特産品についてもリストアップを行なった（表2―2）。先行する特産品から学び、それらと競合しないように配慮すると同時に、どんな開発意図がこらされたかを知るためである。

それを概括すれば、その多くは食品加工と工芸加工に大別される。いずれも地域間で比較的安定供給される材料を背景に商品化がはかられ、複数以上の開発者がいるものも多く、それぞれに工夫をこらして競っていることがわか

		1月	2	3	4	5	6	7	8	9	10	11	12	収穫量	栽培収穫地
	カキ										●	—●		多い	全域
	ウコギ				●—●									普通	点在
	クルミ										●—●			普通	全域
	クリ									●	—●			普通	全域
	イチジク									●	—●			少ない	全域
	カヤの実										●—●			少ない	点在
	アケビ					●—●				●	—	—●		普通	全域
	イチョウの葉									●	—●			多い	大内
	ユズ										●	—	—●	在来種 多い 新種 多い	点在 小斎・大内
きのこ	シメジ									●	—	—●		普通	全域
	サクラシメジ									●	—	—●		普通	全域

る。そしてそれらの特産品の全体像が現在の丸森町のイメージを形成しているはずである。それを一言で言うならば「山里の特産品」といったところであろうか。そこから「自然豊かな丸森」を連想する人も多いことだろう。

　こうした調査をふまえて、さて新しい開発は、これを継承した路線でいくべきか、それともこれまでにないものをめざすべきか。その判断はこれからのことに属するが、既存の特産品の見直しは、すでに丸森にはそれだけの加工品を生み出す知恵や技術がある

表2－2　丸森町の特産品

	原材料	商品名（製造者）
技	和紙	丸森手漉き和紙（丸森手漉き和紙、他１名）
	藍染め	藍染め（藍染工房）
	焼き物	焼き物（４名）
	地織	地織（大内地織会館）
特産	シソ	しその葉千枚漬（志白屋、猫入商店、筆甫農産加工組合）
	ラッキョウ	しそ巻らっきょう（志白屋、羽出庭農産加工グループ、筆甫農産加工組合） らっきょう漬（志白屋、羽出庭農産加工グループ） あま酢らっきょう（羽出庭農産加工グループ） はちみつらっきょう（筆甫農産加工組合、猫入商店）
	ダイズ	味噌（高齢者生産活動センター、みそ工房SOYA（そーや）） 醤油（たるみ醤油） 豆腐（飯淵豆腐店、和田豆腐店、青葉豆腐、他１名） 凍み豆腐（青葉豆腐、他２名）
	ダイコン	ゆず巻大根（筆甫農産加工グループ、志白屋） 凍み大根（JAみやぎ仙南、羽出庭農産加工グループ、筆甫農産加工組合） へそ大根（１名）
	カキ	ころ柿（宮城県ころ柿出荷組合、猫入商店、志白屋） 柿樽（宮城県ころ柿出荷組合） 柿のしそ巻（志白屋、猫入商店） 柿ワイン（丸森町酒類小売業組合） 遊柿（さとう菓子店） 柿アイスクリーム（JAみやぎ仙南）
	ウメ	梅干し（志白屋、猫入商店、（有）龍北運輸商事、筆甫農産加工組合、清水梅園、他１名） 蜜梅（志白屋） 練梅（（有）龍北運輸商事）

	原材料	商品名（製造者）
		かりかり梅（羽出庭農産加工グループ） しそ巻甘梅（羽出庭農産加工グループ） 梅ゼリー（さとう菓子店）
	イチジク	無花果びん詰（JAみやぎ仙南、羽出庭農産加工グループ） イチジクアイスクリーム（JAみやぎ仙南）
	タケノコ	たけのこ水煮（耕野たけのこ生産組合、羽出庭農産加工グループ、筆甫農産加工組合）
	フキ	きゃらぶき（羽出庭農産加工グループ、筆甫農産加工組合）
	ヤマイモ	山芋そば（鴇田食品）
	ユズ（品種多田錦）	ゆずシャーベット（JAみやぎ仙南）
	シイタケ	生しいたけ（JAみやぎ仙南） ジャンボしいたけ（１名） しいたけ麺（鴇田食品） 椎茸からし漬（志白屋） 南蛮しいたけ漬（筆甫農産加工組合）
	きのこ	シルバーマッシュ（(有) 龍北運輸商事） ブナシメジ・ヤマブシタケ・ヒラタケ・ムキタケ（各１名）
	イノシシ	しし鍋・いのししの缶詰・いのししカレー（金八寿司）
	サンショウウオ	山椒魚焼酎漬（金八寿司）
	霊芝	（筆甫山品栽培生産組合）
	米	ふるさとの米（JAみやぎ仙南） 切りもち（宮城製粉（株）） 米アイスクリーム（JAみやぎ仙南）
	酒	嫁の蔵（JAみやぎ仙南） あぶくま天水（JAみやぎ仙南）
	メグスリノキ	お茶（(株) 武藤造園）
	カップ商品	おしるこ・あんみつ・黒みつ豆・杏仁豆腐（宮城製粉（株））
	農園	蜂蜜・蜜蝋（ロウソク）（石塚養蜂）

	原材料	商品名（製造者）
		有機野菜（丸森かたくり農園、上野農園、太田農園、早坂農園） きのこ・クリ（加藤農園） チーズ（１名） 平飼いたまご（つぶら農園、他１名） イチゴ（半澤いちご狩り園、舘矢間いちご組合、小斎いちご組合） 青梅（森ガーデン） ギンナン（荒林業、（有）後藤造園、（有）龍北運輸商事）
	タケ	竹炭（竹炭工房ひっぽ、丸森町森林組合、他２名） 竹酢液（竹炭工房ひっぽ、丸森町森林組合） 竹炭枕（竹炭工房ひっぽ、丸森町森林組合）
	木	木炭（渡辺産業、丸森町森林組合） 木酢液（丸森町森林組合）
技巧	石加工	墓石（（有）菅長石材店、（有）市川石材工業、斎藤石材、館内石材、水沼石材、佐藤石屋、（有）向井石材店、（有）栗和田石材工業、佐藤石材店、目黒石材店、（有）佐藤義郎石材工業、丸森石材店、菊地石材店（有）、曳地石材店、石のれん） ひき臼（製造者未定） 石臼（製造者未定） 彫刻（（有）大蔵山造形研究所）
	木工芸	木地玩具（３名）
	焼物	はにわ（１名）
	繭細工	アクセサリー（佐藤養蚕）
	わら細工	しめ飾り・民芸品（高齢者生産活動センター）
	竹細工	ざる・かご（高齢者生産活動センター）
	つる細工	かご・民芸品（高齢者生産活動センター）

こと、販売経験をもつ人びとがいることを確認することになった。と同時に、それらの人びとの協力、アドバイスを得ることもできるので、ぜひ実践したい調査のひとつである。

晩秋に保存食としてつくられる干し大根づくり。煮しめなどの料理に使う

「持ち出せる資源」と「持ち出せない資源」

これまでリストアップされたのはおもにモノの資源である。しかし、地域にはモノ以外にもたくさんの資源がある。四季折々の景観や行事、祭り、歴史や遺跡、さらには人情やコミュニティ、自然や気象なども丸森町の大切な資源である。これらは従来、その一部が観光資源ととらえられてきた。年間10万人が訪れる豪商の栄華をしのぶ「斎《さい》理《り》屋敷」はその代表であるが、そうなるまでは行政を中心にしたさまざまな労力、費用、時間が必要であった。

それと同様のことを商工会がやるには荷が重い。しかし、そうした小さな潜在的観光資源を生かす道はないか、という視点から、次の５つのジャンルで調査を試みた。

①丸森の文化・史跡・景観、②丸森の神社・仏閣、③丸森の寺院、④伊具三十三観音、⑤丸森の伝説、がそれである。

これらと前述のモノの資源を、活用という視点から検討を加え、次の2つに分類することにした。

（A）地域（丸森）から持ち出せる資源――モノ、情報など

（B）地域（丸森）から持ち出せない資源――景観、祭り、行事など

あらためて言うまでもないが、目的は丸森町の地域活性化である。集まった地域資源のなかから特産品になるものを2、3点つくり終えれば終わりではない。できるだけ多くの資源を有効に利用したい。そのためには、商品化し、他地域へ売り込むことを目的にした「（A）持ち出せる資源」の開発をすすめること、それらから外れてしまう膨大な「（B）持ち出せない資源」の活用法を生み出すことが重要になる。とりわけ後者をこそ、ていねいにじっくりと検討したいと思った。なぜなら地域資源には外に持ち出すことによって失われてしまう価値があるからだ。

たとえば丸森の糯《もち》米は有機低農薬であり、そのまま外に販売が可能である。また、もちに加工して真空パック商品としても外に持ち出せる。もち粉として売ることも可能だろう。しかしもちの本当のおいしさは、搗きたてもちに勝るものはない。しかしそれは外に出せない。客に来てもらい、この場で味わってもらうしかない。

丸森町には外に持ち出せないおいしさがたくさんある。たとえば10年前、一番山奥の筆甫《ひっぽ》地区にオープンしたそば屋は、打ちたて、茹でたてのおいしさが評判になり、年間数千人が仙台から1時間半

以上もかけてわざわざ食べに来る。土日・祭日のみの営業というのに行列ができている。その売上げは年間2000万円になる。もしこれを半生そばや乾めんに製品化していたら、これほどの支持が得られたかどうか。

丸森の高齢者生産活動センターの人びとがつくったアケビ細工、竹細工、わら細工

時代が求めているのはたんなるそばではない。持ち出せないそばの香りと味と客との交流……。持ち出せない資源の魅力を十分に発揮させる場と方法は、これからの地域資源の加工にとって大きな課題である。

地域資源と地元の人材と技術を結びつける

活用されて初めて地域資源は存在理由をもつ。資源が「ある」というだけでは他地域にも同様のものがある。丸森独自の活用法、その知恵と工夫と技術の総体を文化という。その意味で地域資源の加工、活用とは丸森の文化性を考えることである。

調査でわかったことは、丸森町内にはじつに多くの活用技術や知恵をもった人がいることだった。それは食品加工にとどまらず、和紙、藍染め、陶芸、石工、木工、わら・竹・つる細工など幅広い人材がいた。町内にある高齢者生産活動センターには100人近い人びとが登録し日々活動を行なっている。これらの人びとの技術をどう生かすかが何よりも大切だと思われた。むろんデザインや先端技術などの外部の力も導入しなければならない場合もあるが、その中心は地元の人材と技術でありたい。

地域資源を生かした生活提案型の特産品

図2－1は丸森の地域資源のひとつであるダイズを例にして考えてみた連携チャートである。丸森ではこれまでダイズはおもに味噌と豆腐の加工レベルにとどまってきた。それを一歩すすめて「田楽豆腐」を提案するとどうなるか。

田楽料理は豆腐のほかにサトイモ、川魚、もち、だんご、こんにゃく、ナスなど丸森の地域資源を季節ごとに利用できる。これらに香味豊かな山野の資源のクルミ、ジュウネ（エゴマ）、ゴマ、ユズ、木の芽、サンショウ、トウガラシ、シソ、ニンニク、ネギ、フキノトウなどを味噌と練り合わせて多彩な田楽味噌をつくる。これに町内各所にある竹を加工し竹串をつくり、さらには町内で豊富に生産されている炭で焼けば、おいしい田楽料理が味わえる。

幸い町内には石工店や木工、板金業がある。これに田楽コンロや田楽火鉢を製作してもらい、これをセットにすれば、都市の家庭でも手軽に田楽料理が味わえるようになる。

隣接する角田市では、家庭で手軽に豆腐がつくれる「手作り豆腐セット」を開発したところ、1年

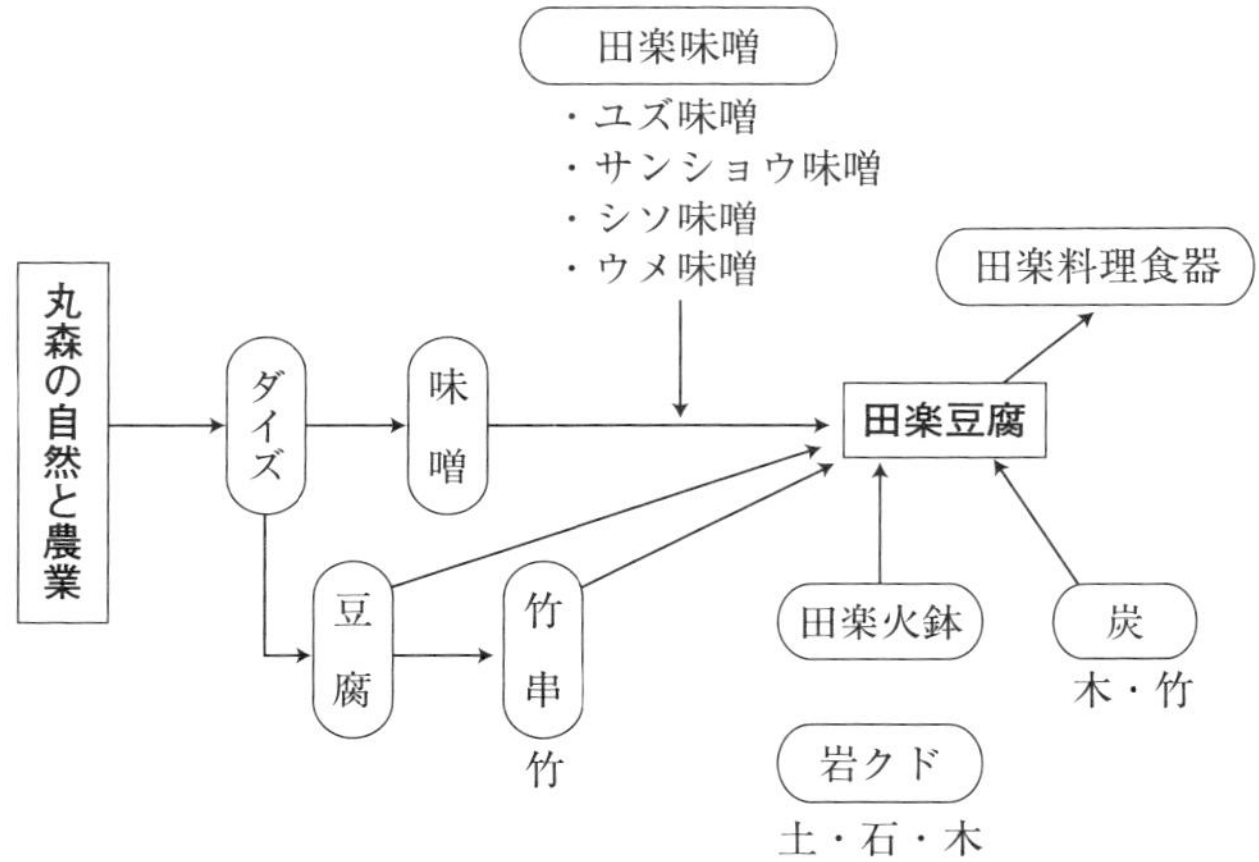

図2−1　ダイズを例に考えてみた連携チャート

で４５００セットが売れ、１２００万円の売上げになり、なお現在月に３００セットが売れ続けている。ここでは、豆腐の木箱、木綿のこし布、敷布、天然ニガリ、２丁分のダイズ２袋をセットにしただけで、都市の消費者が大きく反応したのはなぜか、ということを考えたい。

今、市場にはあらゆる商品があふれており、食の分野でも家で調理する必要がないほど便利な食材や外食体制が整っている。しかし人間は買って即、食べるだけでは満足しないものを抱えている。家族や仲間と一緒につくって食事を楽しみたいという気持ちを潜在的にもっている。角田市の「手作り豆腐セット」の思わぬヒットから見えてくるものは、たんに遺伝子組換えダイズへの不安だけでなく、都市生活者が抱く、自分でつくって仲間と楽しむという欲求の存在である。

こうした心理へのアプローチをさまざまに試み

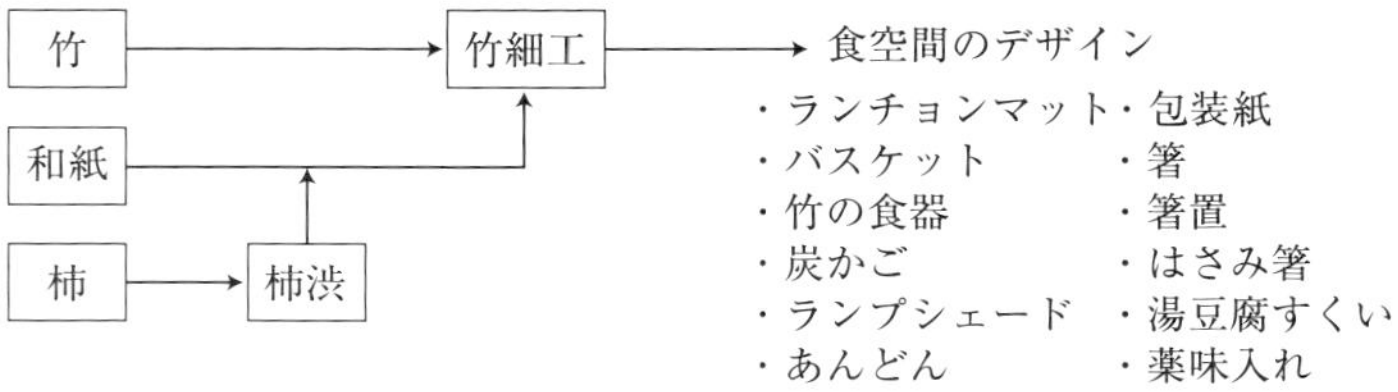

図2－2　丸森の資源（竹・和紙・柿）を使った食空間のデザイン例

たい。むろんこれらは商品として外に持ち出せるのだが、丸森に来て味わってもらう田楽料理を楽しむ場にもこの考えは応用できる。

食空間をみんなでデザインする

食は料理を味わい楽しむだけでは半分である。器や調度、光や音楽など食空間全体の雰囲気の中で味わって本当の満足に至る。これからはたんに食品加工だけでなく、持ち出せない資源を最高の雰囲気の中で味わう場の演出も重要になってくる。図2－2は丸森の資源である竹と柿と和紙を使った食空間のデザイン例である。

これまでの丸森の工芸品は優れた技術をもちながら、生活提案力とデザインおよび総合化において限界があった。竹細工は農具や台所用具のかご、ざるにとどまり、和紙とともにおみやげ品がせいぜいであった。それらを組み合わせて食空間全体に使えるデザインにしてみたい。

たとえば、近年丸森では高齢化を反映してか、柿はもぎとられることなく空しく天にさらされている。これを盆過ぎの実の青いうちに収穫し、砕いて瓶《かめ》や樽に入れ発酵させ、柿渋をつくる。柿渋は染料、塗料、防水剤などとしてかつて利用されていたが、これを和紙、布、木、竹に塗

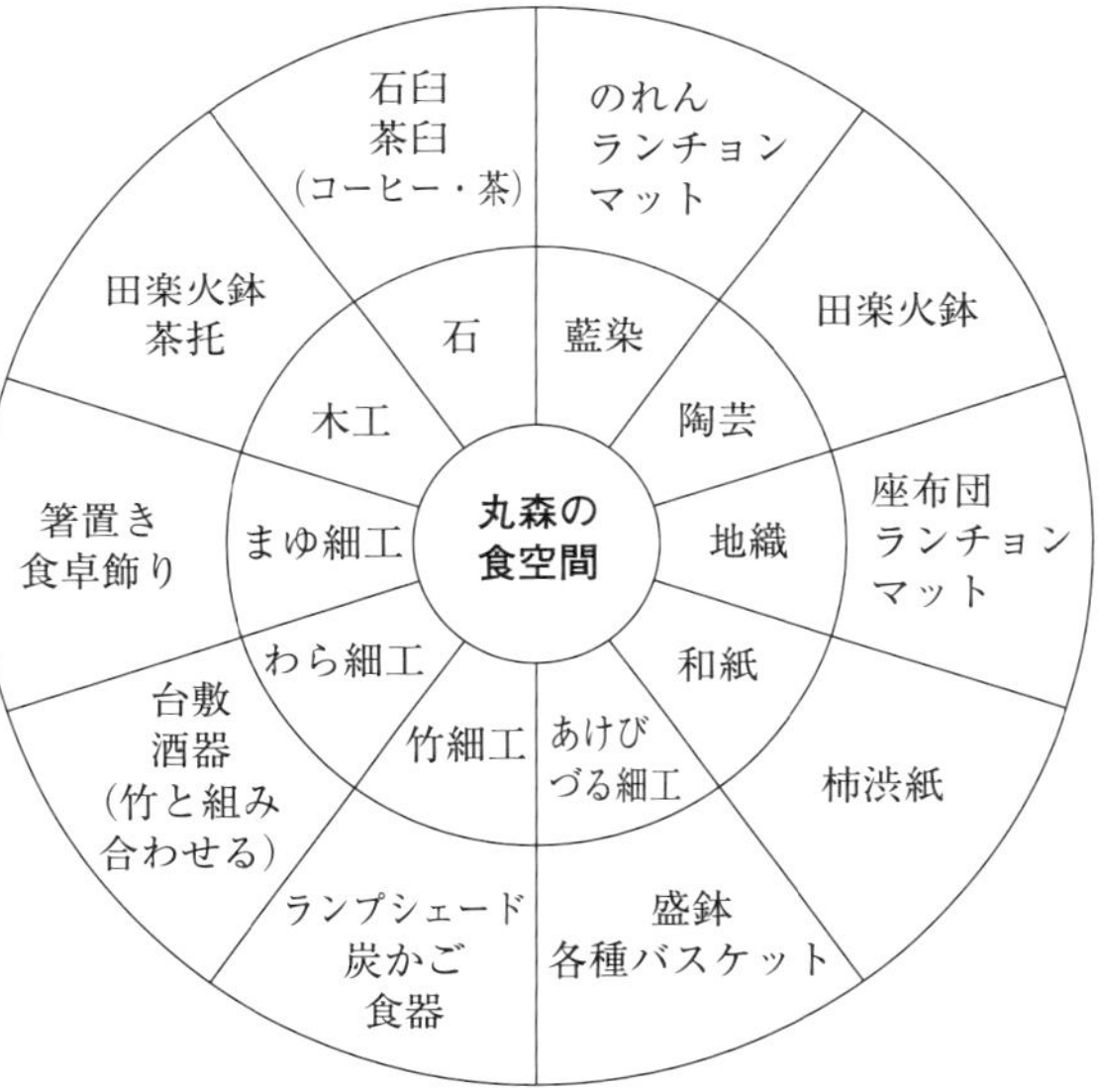

図2－3　地域資源と人材をつなぐことで丸森の食空間が豊かになっていく

り、食空間を構成するさまざまなインテリアや食器、テーブルウェアに展開する。ここではとりあえず、ランチョンマットやバスケット、炭かご、ランプシェードなどをあげておいたが、その応用範囲は広い。

これらをもとに丸森スタイルともいうべきデザインに仕立てあげれば、町内外の人びとに支持を得られるのではないか。そして、都市の居住空間、町内の飲食宿泊施設、イベント空間など食空間の演出にもプレゼンテーションできるようなヴァリエーションを生み出したい。

図2－3は、そうした食空間をデザインするために調査した地域資源と、既存の特産品生産技術者と高齢

者生産活動センターの人材が連携すれば可能になるイメージをまとめたものであるが、人と人、モノとモノ、技術と技術がつながって方向を見出せば、丸森町内によい食空間がたくさんでき、飲食店、各種施設の空間的魅力がレベルアップしていくと思われる。

（4）「何もない」のではなく、大量にないだけ

丸森に人を呼ぶ

これまで述べたように丸森には持ち出せない資源が数多くある。いや、丸森の魅力とは訪れて初めて理解されるものかもしれない。歴史、文化、景観、自然、民俗……。とりわけ丸森は民俗文化の宝庫。たとえば年中行事も今なお伝承されているものが多く、これらは都市はもとより多くの地域から消えつつあるものである。

この貴重な遺産を活かして丸森に人びとを招くことはできないだろうか。斎理屋敷はかつての豪商の暮らしを知るには絶好の観光施設だが、これに加えて「農のある暮らし」を体験する場を設ければ丸森の奥深い魅力がさらに増す。

近年のグリーンツーリズムは、まだまだ田植え、稲刈り、もち搗き、そば打ち体験のワンパターンを抜け切れてはいない。現在、個別にある行事や祭りを季節ごとにとりまとめ、これに「食と暮らし」の要素を加え、都市生活者に情報発信すれば、必ずや反響反応を呼ぶと予想される。今多くの土地から失われてしまった古きよき文化が息づく丸森。その生活文化全体が活かされるべき地域資源の総合

形態なのである。

丸森の年中行事と食を楽しむ会

表2－3は『聞き書き　宮城の食事』（「日本の食生活全集」4、農文協）の中からピックアップした丸森の1年の食生活暦である。かつて丸森町民は山野・田畑を仕事の場として、そこから収穫される食の恵みを巧みに生かしながら、労働の節目に自然に感謝し、祭りや行事を集落全体の楽しみとして行なっていた。その楽しみの第一は食であり、そのために日頃から保存加工などの段取りを重ね、その日に備えていた。

自然や田畑にもっとも近い食材。季節のめぐりに逆らわない旬の味。無理な栽培をしない安心の自然食。さらには家族を思うつくり手たちの思いやりと心づくし。私たちの社会が失った食の原点がここにある。それは持ち出せない食資源が季節ごとに花ひらく場である。多くの人びとの協力と連携を得て、そうした魅力ある食の場をプロデュースできないだろうか。

展開のイメージとしては、たとえば「丸森の年中行事と食を楽しむ会」の組織。毎回50人ほどの参加を募り、できれば年12回の開催。1回当たりの参加費は5000円ほど。行事食はもちろん、食加工品や工芸品のおみやげつき。そこに参加すれば丸森の暮らしの諸相（民俗）を歩き、見て、聞くことができる。

5000円×12か月×50＝300万円の収入が生まれ、これを運営資金に加工品、工芸品の開発に

表2－3　丸森の年間の食生活暦（旧暦）

行　事	行事食	食の段取り	仕　事
1月			
1日　元朝まいり	《朝》白米飯、吸い物、煮しめ（はたいも入り）、どんこの煮つけ、焼きがれいの煮つけ、ごぼう炒り、するめとにんじんの醤油漬、柿なます、煮豆、納豆、御神酒 《昼》雑煮もち、あんこもち、まめごもち、のりもち、柿なます 《夜》朝と同じ		
7日　七草	七草がゆ		
11日　農はだつ	おふかし（赤飯）		山仕事（炭焼き、柴まるき、柴運び）
14日　女の正月	正月と同じ、だんご		
15日　あかづきまいり	あかづきがゆ		むしろ、すご編み
17日　お観音講	白御飯、煮しめ、おひたし、味噌汁、おろし、納豆		縄ない、機織り 縫いもの
19日　だんごおろし	１月14日のだんごを焼いて食べる		
2月			
1日　おついたち（農やすみ）		うる粉、もち粉ひき	むしろ編み 縄ない 機織り 縫いもの
16日　繭の豊作祈願	まゆだんご、煮しめ、ぜんまい炒り、吸い物、甘酒		
3月			
3日　桃の節句	あんこもち、おつゆもち	もちつき	桑の木のゆっとき 桑畑の春うない 野菜畑の畑うない

行　事	行事食	食の段取り	仕　事
4月 13日　お羽山さまのお祭り	おふかし、吸い物、煮しめ（なついも入り）、身欠きにしんの煮つけ、焼きがれいの煮つけ、三つ盛り、角、清酒	味噌の仕込み、 味噌漬づくり、 醤油の仕込み 甘酒つくり 干しぜんまいつくり 山菜とり	《田》苗代づくり 種まき 《畑》なついも植え 田の代掻き
5月 5日　端午の節句	あんこもち、おつゆもち		田植え 大豆まき 春蚕
6月 1日　むけのついたち 14・15日　悪日（水遊びをしない） さなぶり	歯固めのもち おふかし、煮しめ、煮魚、刺身、吸い物、酒	梅干し漬け 薬草干し（土用中）	春蚕、麦刈り 朝草刈り（馬の餌） 田の草取り（1番） 桑畑（跡むくり） 土用むくり
7月 6日　七夕 13～16日　お盆 13日　盆棚飾り 14日　墓参り 16日　送り盆	あんこもち、おつゆもち うどん（ごま、くるみ、じゅうねんのたれ）、煮しめ、（なついも入り）、なす焼き、きゅうりもち、もち（ずんだもち、くずもち、あんこもち）	もちつき 麦つき なついも掘り	田の草取り（2番） 麦ぶち 大豆畑中耕 田の草取り（3番）
8月 1日　はっさくのついたち 15日　豆ぎっつぁん	あんこもち、おつゆもち 枝豆、だんご	なついも掘り きゅうりの置き漬、なすの塩漬づくり	田の草取り（3番） 大根種まき 初秋蚕、晩秋蚕

行　事	行事食	食の段取り	仕　事
9月 13日　いも名月	蒸したはたいも		晩秋蚕
10月 8日　羽山講 20日　恵比須講 麦の掻きあげ	もち おふかし、煮しめ、煮魚、吸い物 おがっこもち	栗ひろい 干し大根つくり いもがらづくり	猟解禁 稲刈り 麦まき
11月 1日　大師さま 10日　大根の年取り 稲の刈り上げ 庭ばらい	かっきりもち 庭ばらいもち	きのことり たくあん漬け ゆりな漬け 干し柿、湯ざわしつくり 野菜を囲う	桑のゆったて 桑畑しも打ち 萩刈り 稲こき
12月 1日　けっぱれもち 大晦日　年取り	ごぱっ葉もちをあんこもち・おつゆもちに 白米飯、吸い物、煮しめ、煮魚、納豆、御神酒	寒ざらし粉つくり 凍み豆腐、凍みもちつくり 米つき、正月用材料購入 まめごひき 納豆ねせ 正月料理つくり もちつき	すご編み 縄ない かや刈り

資料：『聞き書き　宮城の食事』農山漁村文化協会、1990年。

あてる。参加する客は試作品のモニターにもなる。厳しい意見やアイデアも出るかもしれない。行事食のなかで好評のものは定番化し、丸森のもてなし料理として飲食店や各施設に普及定着をはかるもよし。さらにこれら会運営の記録をガイドブックにまとめて情報発信するもよし。その応用範囲は広く、実際に行なうことによって思わぬ発見と展開がもたらされるかもしれない。

特産品づくりのポイント

以上、丸森町の特産品づくりの取組みを紹介してきたが、そのなかからいくつかのポイントを挙げておきたい。

①地域資源の概念を大量生産資源に固定して考えないこと。何もない、とは大量にないということで、もともと日本の多くの地域は少量多品種が特長であり、それゆえに独自の知恵や工夫が生まれた。季節や量に限定されたものこそ希少価値。むしろ問われているのはその加工の総合化である。

②加工技術はまず、地域内にある技術を中心にすえる。外部に委託しては地域の人びとに関心さえもってもらえない。家庭内で、あるいは昔、食資源をどう工夫していたか。女性や高齢者にたずねるのも連携をひろげる大切なポイントである。

③地域資源は一般に「持ち出せない資源」が多い。また持ち出すことで失われるものも多い。ただ外部に売り込もうとせず、それを味わい体験する場と機会の創出もあわせて考えるべきである。また既存商品の再検討も重要。なぜ売れたのか、なぜ売れなくなったのか、そこにヒントがある。そしてそれら先行者の技術を少量資源活用に活かすことも大切である。

④加工食品開発はたんなるモノづくりに終わってはならない。それらはたしかに経済行為にちがいないが、それを通じて地域全体の課題解決（コミュニティ、文化発掘、学びの場の創出、新しい仕事づくりなど）に寄与することが期待されている。そのためには異業種はもちろん、できるだけ多くの人びととの連携をはかりたい。意外なことに「みんなでやる」という単純なことが地域ではむずかし

い。いっときの利害を越えて、ともによい地域をつくるために多彩な英知と多様な連携のかたちをつくり出したい。

2　地域資源は楽しく暮らす人ほど見えている

(1) 性急な商品化への意識が「未利用資源」の蔵に閉じ込める

商品化というフィルター

現在、「地域資源」という言葉は、特産品や地場産品開発のための材料という意味でとらえられることが多い。地域にはまだまだ未利用の資源が眠っているはずだから、それを掘り起こして調べ、付加価値をつけて商品開発し、地域の活性化に役立てようというのである。むろんこの考えに異論はない。しかし地域資源は商品化の道だけが評価のすべてであろうか。

筆者もこれまでいくつかの地域資源活用のプロジェクトにかかわってきたが、ともすれば性急な商品化への意識が、地域資源の概念をむしろ狭く受けとめてしまっていたのではないか、という反省がある。地域に内在する資源は、経済という受け皿には盛り切れない多様な価値と活用の可能性があるのではないか、という思いがしきりにするのである。

せっかく集められた地域資源リストが商品化という着眼点によってフィルターにかけられ、利用されなかった多くの資源が再び「未利用資源」の蔵に入れられてしまうもったいなさ。もっと多様な光をあてることはできないだろうか。地域資源は市場に向かって流れていくだけがその道筋ではない。いくつかの視点からとらえ直してみたい。

地域資源はそこに暮らす家族とともにある

地域資源、とりわけ食資源は、そこに暮らす家族とともにある、と思いたい。はるか縄文期、家族の食生活は採集によって成り立っていた。人びとは山野河海にある食材を求めて移動をくり返していた。やがて良好な居住環境と、作物栽培の技術の獲得によって、定住が始まった。やがていくつかの家族が群れ集まり、そこはムラと呼ばれるようになった。英語でFamilyと呼ばれる家族の語源はラテン語のFamiliaに由来するが、そのルーツをさらにさかのぼれば、その意味は今日私たちが耕す人びととして使っているFarmerに通じているという。すなわち家族とは、一緒に耕し、一緒に食べる者たちの謂《いい》である。その家族の生存と暮らしを支えてきたものが地域資源であり食資源である。

ことあらためて、なぜこんな初歩的なことを述べるかといえば、今日私たちの食資源があまりにも家族の場所から離れすぎてしまっているからである。食料の60%を海外から輸入し、その大半を外食や食品産業という企業社会にゆだねて疑わなくなった家族の食卓。私たちの地域資源による食品加工がこうした時流をただ加速させるだけのものにならないために、もう一度、家族の場所から、その活用の意味を問い直してみたいのである。

もうひとつある。地域資源とは、その土地に産出されるものをいう。たとえ同じ種類の食材がほかの地域でも生産されているとしても、それは、わが地域のものではない、というあたりまえのことを確認しておきたい。

かつて一村一品運動が華やかなりし頃、ある村のキュウリの漬物が評判となり大ヒットした。小さな村のキュウリの生産をはるかにしのぐ注文の多さに、村は遠くの地域からその材料を仕入れることで対応することになった。しかし、消費する者の心はつねに移ろいやすい。やがて注文は徐々に減り、いつしか、実態はただその村の名を冠しただけの「特産品」であるとの風評が追いうちをかけ、あとには誰も使わなくなった加工施設と機械と包装材だけが空しく放置されるだけになっていった。そんな加工場の風景をいくつも見てきた者として、あらためてその土地を離れては地域資源も加工も存在しないと言いたいのである。

風土と人の営みを離れずに、精一杯の心づくしをもとに生産されるものを「地場産品」という。できうればその基本の上に立って展開していってほしい。人と土地には限りがある。その分をわきまえて生きることを暮らしという。地域資源は有限である。無理をすれば破壊や枯渇をまぬかれない。資源管理——限りあるものとどう向かいあって生きるか。それが家族の生存の倫理であった。資源の有限性を前提にし活用を考えるか。その無限性を前提にするか。それが企業が行なう食品開発と一線を画すものだと思う。生産性、効率性、利益を目的とする商品化はその材料に均質性や画一性を要求する。工業とは材料の均質性を前提とする産業のことである。しかるに地域の食品加工は、その多様性や個別性に魅力を加えるものである。おのずから企業のマーケティングやプロダクトスタイルとは異なるものと思われる。その原点が家族の食卓にあると思うが、どうだろうか。

活用と調査の視点――宮城県旧北上町「食育の里づくり」の経験から

家族に寄り添い、暮らしの知恵とともに存在してきた地域資源とその活用はどのようにして調査したらよいだろうか。その一例を宮城県旧北上町（現石巻市）にみてみたい。

北上町は、大河北上川の河口に位置する人口４０００人ほどの町である。この町に対する外部からの認識はきわめて弱く、宮城県の中心地、仙台市民にその存在をたずねても、その名前さえ知らず、当然ながら訪れた人も少ない。それだけ地味な町である。とりたてて観光資源も少なく、せいぜいシジミとワカメを産する町として認識されるにすぎない。当の町民も「わが町には何もない」と思い込んでいるふしがあった。

この町と筆者のかかわりは宮城県が推進しようとしていた「みやぎ食育の里づくり」事業のアドバイザーを依頼されたことにある。「食育の里づくり」とは、子どもの食をめぐるさまざまな課題が指摘されるなかにあって、「地域の食文化を次世代に伝える」ことを通して解決の道をみつけられないかというもので、当然ながら、その事業のスタートにあたり、どの地域で開催するべきかをめぐって、事前の打合わせが開かれた。

当局が抱く開催地のイメージは、米どころ大崎平野の中心地、古川市、県南の農業先進地、角田市、

北上町で正月にそなえられる「掛け魚」

日本有数の漁業基地、気仙沼市や石巻市などであった。それら一大産地はいかにも食を学ぶにはふさわしいように思えたにちがいないが、筆者の考えは少しちがっていた。そこは食材が大量にはあるが、その多様性に欠けるうらみがある。そこで「北上町で実施したい」と答えた。その提案に対する反応は「あそこは何もないでしょう。せいぜいシジミとワカメが少しとれるぐらい、ほかに何がありますか?」。

無理もないことであるが、この国の資源はつねに産業論のフレームの中でとらえられてきた。外に売り出し「外貨」を稼げるものだけが資源とみなされてきた。それゆえ北上町を「何もない」と判断する人びとを非難するつもりはない。ただ筆者としては、子どもたちに伝える食の学びは食資源の豊かさのなかで展開したかった。多様性とは、豊かさの別名でもあるからである。くり返しになるが、私たちの常識は単一のものが大量に安定供給できるものを資源として評価している。たとえば米、たとえばマグロやカツオ。むろんそれだから産業が成り立つわけだが、食育は産業教育にとどまらない広がりをもっていると思いたい。できうれば食を生活論のなかでとらえ、伝えていきたい。

「たしかに北上町は一見、何もないようにみえますが、あの町には食材を育むすべての自然要素があります。まず田と畑があります。それらは自給的な生産にとどまっていますが、四季を通じて多種多彩な農産物がとれます。次に大河北上川ではシジミだけでなくウナギ、ハゼ、コイ、ウグイなどがとれます。加えて里山からは山菜やきのこ。沼からエビやフナ。野にはセリやヨモギ、薬草などがじつに豊富です。むろん海の恵みはそれ以上です。海・山・川・田・畑・沼・沢・野というすべての自然環境をあわせもったところです。それは宮城県をコンパクトに凝縮したようなところでもあり、大げさに言えば、東北を、日本を集約すれば北上町になるといってもよいほどです。食育を食材や料理のレベルだけでなく、食べものと身近にある自然とのかかわりを含めて子どもたちには学んでほしいと思います」

この国のおとなたちがいつのまにか身につけてしまった経済至上主義と産業論的価値観。それが地域資源のとらえ方を歪めてはいないだろうか。地域資源を経済価値のみに押し込めず、学びの資源としても活用すべきだと思うが、どうだろうか。

資源としての自給食材、知恵と技

幸い、行政の理解は得られた。しかしそれを裏づける必要があった。そこで行なわれたのが、「北上町の食資源調査」（表２-４、５、６、図２-４、５）である。

これは北上町に暮らす13人の女性たちにアンケートを行なって得たものである。①１年間に自家生産している食材にはどんなものがありますか？ ②それはいつ頃に種をまき、いつ頃に収穫しますか？ ③それら収穫した食材はどんな調理、料理、加工保存をしていますか？ このわずらわしい問に１か月近くをかけて全員がていねいに答えてくれた。そして集計をしてみて驚いた。その数なんと、３００余種。わずか13人の女性たちの自給の食材が、である。

内訳は庭先の畑を中心に農産物が約１００種。里山の恵み山菜約40種。きのこ30種。果実と木の実で約30種。海の魚介類と海藻類約１００種。目の前を流れる北上川から淡水魚介類が約10種……。ていねいに耕された自給の畑。黄金波うつ田んぼの稲穂。季節ごとに恵みをもたらす奥深い山々と三陸リアスの海。そしてその海と出会う大河がもたらす恵み。何もない町と思われていた北上町は、じつは知られざる食材の宝庫だった。

北上町はかつて半農半漁の町と呼ばれ、それはときに貧しさの象徴のように思い、思われていた。しかし、それは理由なき偏見だったのではないか。足元の生活の現場に立ってとらえ直してみれば、自然に寄り添い、豊かな食資源を巧みに生かす知恵の図書館であった。食資源——それは人と離れて存在するものではない。それを生かしながら暮らす人の技とともにある。１本のダイコンは、たとえばサラダや大根おろしというひとつの料理のために栽培されているわけではない。１匹のサンマは塩焼きにされるためだけにあるのではない。多様な活用の技――切り方、煮方、焼き方、味つけ方、漬け方といった調理加工術と出会って多彩な料理に生まれ変わる。地域資源とは食材などのモノだけではない。それを生かす知恵や技などのソフトも可能性を秘めた資源としてとらえたい。

　北上町の女性たちがどんな食の技をもっているか。それをヒアリングしてみた。その一覧は図２－６のとおりであるが、３００余種の食材と、これらの技がかけ合わされれば、どれほどの料理が生まれてくるのか。しかもこれは、北上町のわずか13人の女性たちだけに聞いたものである。町内１２００世帯すべてをもし調べたとしたら、それはプロにも負けない創造力をもっているといえるのではないか。地域資源活用の多くが材料の発掘のみに終止し、その活用は外部の専門家やプロにゆだねてしまう傾向にある。こうした地域に内在する知恵と技の資源ももっと積極的に活用するべきだと思う。

ここは安心して子育てできるところ

　集まった３００余種の食材リストと技の一覧を眺めながら、ひとりの老婦人が若き日をふり返ってしみじみと言う。

「40年ほど前、北上川上流の町からここの河口の町に嫁いできた。見知らぬ町の生活は不安がいっぱいだった。しかし1年間ここに暮らしてみて、ここは安心して子育てができるところだ、とわかった。田畑だけではなく、海、山、川から四季折々に、次々とごちそうが届く。暮らしの基本はまず食べる

表2－4　北上町の食資源調査―畑の作物（播種・定植時期については省略）

品目＼月	1	2	3	4	5	6	7	8	9	10	11	12	回答 9人中	調理・保存の一例
ナス							■	■	■				9	漬物、炒め物、焼きなす、煮物。冷凍、塩蔵
トマト							■	■	■				8	生、サラダ、ジュース
ミニトマト							■	■	■				8	ジュース、サラダ、生
ピーマン							■	■	■				8	肉詰め、サラダ、炒め物、てんぷら、漬物
シシトウ							■	■	■				4	てんぷら
トウガラシ(ナンバン)							■	■	■	■			6	こうじで醤油とたれをつくる、漬物
ジャガイモ							■						9	肉じゃが、味噌汁、カレー、サラダ、てんぷら、煮物
キュウリ					■	■	■	■	■	■			9	漬物、サラダ、酢の物。塩蔵
カボチャ									■	■			7	てんぷら、煮物
スイカ							■	■	■				6	生
メロン								■					3	
ズッキーニ										■			4	炒め物、味噌汁
ハヤトウリ										■			2	
オクラ									■				4	サラダ、てんぷら
トウモロコシ							■	■	■				9	てんぷら。むいて冷凍
アスパラガス							■	■					4	サラダ、油炒め
サトイモ									■	■			6	煮物、味噌汁。冷凍
サツマイモ										■			4	てんぷら
ナガイモ										■			5	生
セロリ										■			3	サラダ
ニンジン	■	■							■	■	■	■	6	味噌汁、煮物、てんぷら、サラダ
				■	■	■				■	■			
パセリ	■	■	■	■	■	■	■	■	■	■	■	■	4	サラダ、刺身のつま
オオバ							■	■	■	■			3	シソ味噌巻き、大根シソ巻き、塩漬
ハクサイ				■						■	■		9	漬物、煮物、味噌汁、鍋物
ダイコン				■	■	■	■	■	■	■	■		9	生、漬物、おろし、味噌汁、サラダ、煮物
キャベツ				■	■	■	■	■	■	■	■		9	サラダ、炒め物、漬物
メキャベツ				■	■	■	■	■	■	■	■		3	炒め物、煮物
カブ				■	■	■	■	■	■	■	■		4	漬物、サラダ
チンゲンサイ						■	■		■	■	■		5	おひたし、油炒め
コマツナ			■	■	■	■	■	■	■	■	■	■	4	おひたし
ツボミナ	■	■	■	■	■								4	おひたし、ごま和え

品目＼月	1	2	3	4	5	6	7	8	9	10	11	12	回答9人中	調理・保存の一例
アブラナ				■	■								2	
ブロッコリー			■		■	■	■	■	■	■	■		4	サラダ、炒め物
カリフラワー			■		■	■	■	■	■	■	■		3	サラダ、炒め物
キョウナ(ミズナ)		■								■			4	漬物、おひたし
タイサイ	■	■	■								■	■	4	おひたし、炒め物
ユキナ					■	■	■	■	■	■	■	■	5	おひたし、炒め物
チヂミナ	■	■	■	■							■	■	5	おひたし、和えもの、味噌汁
			■	■	■	■	■	■	■	■	■	■		
ノザワナ													5	漬物
タカナ										■	■		4	漬物
セイサイ								■	■				2	
レタス								■	■				6	サラダ、焼き肉、スープ用
サラダナ								■	■				4	サラダ、焼き肉用
リーフレタス													1	
キク										■	■		3	酢の物、てんぷら
シュンギク	■	■	■										5	鍋物、おひたし、ごま和え、てんぷら
ゴボウ									■	■	■		3	炒め物、煮物
タマネギ						■		■					8	サラダ、てんぷら、炒め物、カレー
ネギ	■	■	■	■	■	■	■	■	■	■	■	■	9	薬味、鍋物、味噌汁、酢味噌和え
ニラ	■	■	■	■						■	■	■	4	おひたし、卵とじ、レバニラ炒め、味噌汁、炒め物
ワケギ													1	
リーキ														
葉ネギ								■	■				3	味噌汁、酢味噌和え
ニンニク						■				■			5	いろいろ
ラッキョウ										■			3	漬物
ホウレンソウ	■	■	■	■	■	■				■	■	■	9	おひたし、味噌汁、炒め物
イチゴ						■	■	■	■				3	
インゲン						■	■	■	■	■	■		9	おひたし、煮物、てんぷら、味噌汁
サヤエンドウ					■	■							6	サラダ、煮物、味噌汁、てんぷら、油炒め
枝豆(ダイズ)							■	■	■	■			7	ゆでて塩。冷凍
グリーンピース					■								2	てんぷら、煮物、サラダ
ササギマメ											■		3	

品目＼月	1	2	3	4	5	6	7	8	9	10	11	12	回答 9人中	調理・保存の一例
ソラマメ													1	
ソバ														
ショウガ									■	■			4	生、薬味、刺身などに。冷凍、生
フダンソウ								■	■				2	
モロヘイヤ							■	■	■	■			4	おひたし
								■	■					
ツルムラサキ						■	■	■	■	■			4	おひたし
								■	■					
ワサビ													2	
クワイ													1	
ヤーコン											■		2	生
ミョウガ						■	■	■	■	■			6	生、汁、てんぷら
その他														だいたいの傾向として、栽培している人が多い（9人中）ものが、基本的な作物（野菜）といえそうである

ことが安定していること。子どもに食べもので不自由をさせるのは親として一番つらい。親はそのために必死に稼ぐのだが、ここは銭がなくても楽しく暮らせるところだと思った」

　地域資源は商品化や経済化だけが活用の道ではない、とくり返し述べてきたのも、この言葉が問うものの深さゆえである。

　私たちは戦後社会の豊かさ実現の過程で、この老婦人の言葉を切り捨ててしまった。豊かさとはどれだけ多くの貨幣を手にしうるかで決定する。そう信じ込んでしまった。高度経済成長期、私たちはそれまでの自給する暮らしや半農半漁の暮らしを、貧しさとして切り捨てた。経済力が人間の願望のすべてを解決すると断じてはばからなかった。すべては金で買える、と信じた。つくる暮らしから買う暮らしへの転換。その陰で家族が変容していった。家族の集まりである地域も変わっていった。豊かなモノや

表2－5　北上町の食資源調査―山菜類・果樹・木の実

（時期はだいたいの目安）

品　目	回　答 9人中	調理・保存の仕方	時　期
フキノトウ	7	味噌（バッケミソ）、てんぷら	春先
フキ	9	煮物、佃煮、塩漬	4～6月
セリ	7	味噌汁、漬物、おひたし、煮物	4～5月
アサツキ	1		
コゴミ	6	ごま合え、おひたし、てんぷら	3～5月
ミツバ	4	味噌汁、おひたし、卵とじ	4～5月
アザミ	2		
オオバコ	2		
サンショウ	3		
ウコギ	1	薬味	
ミョウガ	7	味噌漬、味噌汁、酢漬、てんぷら	6～8月
クズ	2		
シオデ	1		
アイコ	4	おひたし	4・6月
シドケ	7	おひたし	4～6月
ウルイ	1	おひたし	
ウド	5	酢味噌	4～6月
ワラビ	7	煮物、おひたし、塩漬	4～6月
ゴボッパ	2	ゴボッパもち	6月
タラノメ	8	ごま和え、くるみ和え、てんぷら	3～4月
ウツギ	1		
ミズ	2		
ツクシ	2		
ユリネ	3	おこわ	9～10月
ヨモギ	5	草もち、てんぷら	3～6月
ゴマナ	1		
カンゾウ	2		
ヘビアサ	1		
アザミ	1		
サンショウ	3	味噌	
ナズナ	2		
ハコベ	2		
スギナ	2		
ゼンマイ	4		5～6月
コシャク			
トリアシ	1		

品　目	回　答 9人中	調理・保存の仕方	時　期
コシアブラ	1		
ウバユリ	2		
カタクリ	2		
ハリギリ	1		5月
カキ	4	干し柿、てんぷら	10～11月
ユズ	2	生、冷凍	10月
リンゴ	2	ジャム	7月
ナシ	3	生	7～8月
ブルーベリー	3	ジャム	5～6・11月
キウイ	5	ジャム	10～11月
クルミ	4	和えもの	9月
クリ	5	おこわ、だんご	9～10月
モモ	1		
スモモ	3		7月
イチジク	7	佃煮（甘煮）	6・9・10月
ラ・フランス			
ブドウ	2		
グミ	4	ジュース	6月
ヤマグワ	2		
サルナシ（コクワ）	1		
マタタビ	2	マタタビ酒	11月
ヤマブドウ	2		
エビツル	1		
カヤ	1		
コノミ	1		
シダミ			
トチ	1		
ハシバミ	1		
ヤマナシ	1		
ギンナン（イチョウ）	2		
ツバキ	2		
サクランボ	1	生	
スグリ	1	スグリ酒	
クレソン	1		

表2－6　北上町の食資源調査—きのこ類

(時期はだいたいの目安)

品　目	回　答 9人中	調理・保存の仕方など	おおよその 時　期
キクラゲ	1		10月
ハナビラニカワダケ	1		
マスタケ			
トビタケ			
マイタケ	2	味噌汁、五目ご飯	10月
コウタケ	4	煮物	11月
ブナハリタケ			
ヤマブシタケ			
ホウキタケ	3		
ウスタケ	1		
ヌメリイグチ	1		
アミタケ	3	酢の物、味噌汁	10月
ハナイグチ			
コガネタケ	1		
アブラシメジ			
フウセンタケ	1		
ナラタケ（ネッコモダシ）	6	塩漬、酢の物、煮物	11月
ナラタケモドキ（サワモダシ）	6	塩漬、煮物	9～11月
ホンシメジ	2		
キシメジ（キンタケ）	1		11月
カクミノシメジ（アブラシメジ）			
ハエトリシメジ			
ムキタケ	1		
ヒラタケ	2		
ブナシメジ	1		
ヌメリツバタケ	1		
マツタケ	2		
マツオウジ	1		
スギカノカ			
ハタケシメジ	2		
エノキタケ	1		
シイタケ（自宅畑で栽培）	6	味噌汁、煮物、炒め物、てんぷら	4～5月・10月
ナメコ	4	味噌汁	
スギタケ	1		11月
ヌメリスギタケ（ヤナギナメコ）			

品　目	回　答 9人中	調理・保存の仕方など	おおよその 時　期
チャナメツムタケ	1		11月
クリタケ（ヤマドリモダシ）	1		
オオギタケ			
クギタケ			
ウラベニホテイシメジ			
ハツタケ	1	汁もの	10月
アカモミタケ（アカハツ）	1		
キハツタケ			
オオサクラシメジ（カキシメジ）	1		
コクリノカサ（ササモダシ）			
エゾハリタケ（ヌキウチ）			
アワビタケ			
ハナビラタケ			

金は手にしたが、人のつながりや文化を失っていった。そしてバブル崩壊後の十数年。金を絶対の規準としてきた社会の崩れやゆらぎのなかから、もう一度自分たちの生きる地域や家族や社会を立て直そうともがいている。

経済とは経世済民という人間が生きていくためのひとつの手段であるが、いつのまにか手段が目的に変わってしまっていた。経済が目的になり生活はその結果になってしまった。本当は「家族が楽しく暮らしていく」という目的だったのに、家族それぞれの楽しい暮らしは金次第になってしまった。金になるものだけが役に立つ資源だという視点だけで地域をみるようになってしまった。北上町の老婦人が問いかけるもの――わが地域を楽しく暮らそうとする人の目には資源は豊かに広がり、性急に経済を求める人間の目には「何もない」とみえてしまう逆説を、私たちはもう一度考え直してみる必要はないだろうか。

●海の魚

〈ネズミザメ目〉
ヨシキリザメ
ネズミザメ（モーカ）

〈ツノザメ目〉
アブラツノザメ

〈エイ目〉
アカエイ
トビエイ

〈ニシン目〉
ウルメイワシ
マイワシ
ニシン
コノシロ
カタクチイワシ

〈ウナギ目〉
ウナギ
マアナゴ（マハモ）
クロアナゴ（ウシハモ）

〈サケ目〉
チカ（ワカサギ）
アユ
イシカワシラウオ
シラウオ（シラウ）
ニジマス
サケ
マスノスケ

〈コイ目〉
ウグイ
コイ

〈ダツ目〉
ダツ
サンマ
サヨリ
ツクシトビウオ

〈ヨウジウオ目〉
タツノオトシゴ

〈タラ目〉
エゾイソアイナメ（ドンコ）
イトヒキダラ（ヒゲダラ）
マダラ
スケトウダラ（スケソウダラ）

〈アンコウ目〉
アンコウ（アンコ）

〈マトウダイ目〉
カガミダイ

〈スズキ目〉
ボラ
アカカマス
スズキ（セッパ）
オオクチイシナギ
アカムツ
ブリ
ヒラマサ
カンパチ
マアジ
モロ
シイラ（マンビキ）
マダイ
クロダイ
イシダイ
ウミタナゴ（タナゴ）
コブダイ
イカナゴ（メロード・トガス）
バショウカジキ
マサバ
ゴマサバ
サワラ
ハガツオ（フグレコ）
カツオ
クロマグロ
タチウオ
マハゼ
シロウオ
フサギンポ（ダウナギ）

〈カサゴ目〉
ヤナギメバル
エゾメバル
メバル
ウスメバル（ギンバグ）
クロソイ
ゴマソイ
アイナメ
ホッケ
コチ
ケムシカジカ（デェズボ）
ギスカジカ（ガニグレ）
ニジカジカ（ヘソ）
アナハゼ
ホウボウ

〈カレイ目〉
ヒラメ
アカガレイ（アカズ）
ムシガレイ
ホシガレイ
ナメタガレイ
マガレイ
マコガレイ
イシガレイ
ヤナギムシガレイ

〈フグ目〉
カワハギ（ギハギ）
ウマヅラハギ
トラフグ
マフグ
マンボウ

●海藻類

〈褐藻〉
マツモ
マコンブ
ホソメコンブ
ワカメ
ヒジキ

〈紅藻〉
フノリ
イギス
アミクサ

●川の魚・貝

シジミ
シラウオ
ハゼ
オーガイ（ウグイ）
ボラ
マス
サケ
ウナギ
ニゴイ（セイ）
スズキ
モズクガニ

図２－４　北上町の食資源調査―魚・海藻（とれると回答があったもののみ）

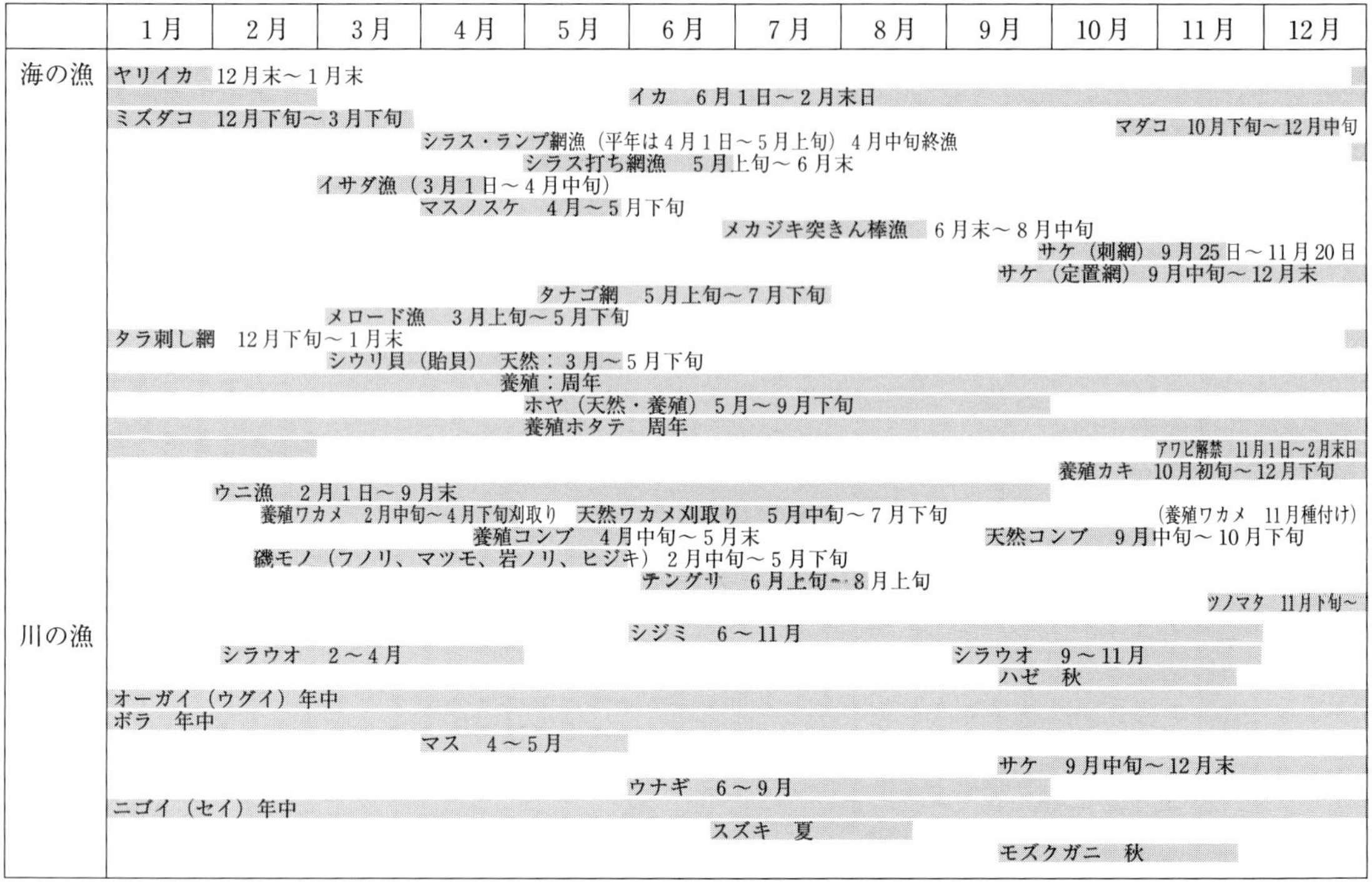
1月
2月
3月
4月
5月
6月
7月
8月
9月
10月
11月
12月
海の漁
ヤリイカ　12月末～1月末
イカ　6月1日～2月末日
ミズダコ　12月下旬～3月下旬
マダコ　10月下旬～12月中旬
シラス・ランプ網漁（平年は4月1日～5月上旬）4月中旬終漁
シラス打ち網漁　5月上旬～6月末
イサダ漁（3月1日～4月中旬）
マスノスケ　4月～5月下旬
メカジキ突きん棒漁　6月末～8月中旬
サケ（刺網）9月25日～11月20日
サケ（定置網）9月中旬～12月末
タナゴ網　5月上旬～7月下旬
メロード漁　3月上旬～5月下旬
タラ刺し網　12月下旬～1月末
シウリ貝（貽貝）天然：3月～5月下旬
養殖：周年
ホヤ（天然・養殖）5月～9月下旬
養殖ホタテ　周年
アワビ解禁　11月1日～2月末日
養殖カキ　10月初旬～12月下旬
ウニ漁　2月1日～9月末
養殖ワカメ　2月中旬～4月下旬刈取り
天然ワカメ刈取り　5月中旬～7月下旬
（養殖ワカメ　11月種付け）
養殖コンブ　4月中旬～5月末
天然コンブ　9月中旬～10月下旬
磯モノ（フノリ、マツモ、岩ノリ、ヒジキ）2月中旬～5月下旬
テングサ　6月上旬～8月上旬
ツノマタ　11月下旬～
川の漁
シジミ　6～11月
シラウオ　2～4月
シラウオ　9～11月
ハゼ　秋
オーガイ（ウグイ）年中
ボラ　年中
マス　4～5月
サケ　9月中旬～12月末
ウナギ　6～9月
ニゴイ（セイ）年中
スズキ　夏
モズクガニ　秋

図2－5　北上町の食資源調査—海・川の漁

●味付け
振塩
塩じめ
化粧塩
当て塩
甘塩
ひと塩
ひれ塩
塩もみ
塩引き
塩入り
薄塩

●漬け方
一夜漬
浅漬
砂糖漬
塩漬
味噌漬
粕漬
からし漬
わさび漬
酢漬

●煮方
煮しめ
煮つけ
煮こみ
煮びたし
煮こごり
照り煮
含め煮
味噌煮
甘煮
甘露煮
佃煮
あめ煮
炒め煮
煎り煮
蒸し煮
揚げ煮
おろし煮
角煮
塩煮

●焼き方
厚焼き
蒸し焼き
白焼き
黒焼き
塩焼き
付焼き
照焼き
串焼き
網焼き
石焼き
鉄板焼き

●揚げ方
空揚げ
素揚げ
衣揚げ
串揚げ
たたき揚げ
丸揚げ
蒸し揚げ

●切り方
角切り
四半切り
拍子木切り
くし形切り
えぼし切り
せん切り
たんざく切り
小口切り
あられ切り
さいのめ切り
みじん切り
輪切り
半月切り
いちょう切り
乱切り
斜め切り
千六本
そぎ切り
かつらむき
あられ
面取り
ささがき

●分離・混合
つつむ
くるむ
まく
はさむ
ねる
こねる
かく
うすめる
のばす
ほぐす
のす
おとす
ゆるめる
さばく
しめる
とく
とかす
ゆがく
ゆびく
もどす
ふる
ふりかける
まぶす
からむ
ころがす
ふるう
まぜる
かきまぜる
まぜあわせる
かきたてる
あわだてる
あえる

●切断・破砕
する
おろす
こす
うらごす
ひく
つぶす
くだく
たたく
うつ
つく
むく
そぐ
くりぬく
きる
さく
わる
きざむ
うつ
こなす

●加熱・冷却
煮る
煮あげる
煮つめる
煮つける
煮しめる
煮こむ
煮だす
煮かえす
焼く
炒・煎る
あぶる
ほうじる
こがす
いぶす
わかす
かんする
あたためる
茹でる
煎じる
たく
かしぐ
ふかす
蒸す
むらす
炒める
揚げる
冷やす
さます
こおらす

●浸漬
ひたす
さらす
つける

●洗滌
洗う
研ぐ

●熟成
ねかす
ならす

図2－6　北上町の女性たちが身につけている技と知恵

資料：『食文化に関する用語集』（味の素食文化史料室）を参照して聞き取り調査。

第三の食卓「地域の食卓」

「食育の里づくり」とは何か。それは地域資源活用の一形態である。人知れず個々の家庭内で営まれてきた女性たちの食の力を、もう一度つなぎ合わせて、その大切なエッセンスを、次の世代にリレーしていく共同作業のことである。幸いなことに、北上町にはほかの町にはどこにでもあるスーパーもファミリーレストランもなかった。家族の食卓の健全さに加え、ほかの都市からは失われた「地域の食卓」が生きていた。

「地域の食卓」とは何か。かつて日本の農山漁村には、季節と生活の節目に、みんなで食材や料理を持ち寄り共食する習慣があった。それは祭りの日に神人共食をする食事だけではなく、講や結の集まり、農作業の区切り、共同作業のあとなどに行なわれる共働の食文化であった。

現代日本の食卓は、第一の食卓としての「家庭の食卓」と、企業が用意する「外の食卓」ないしは「お店の食卓」という第二の食卓がある。近年は「家庭の食卓」がやせ細り「お店の食卓」が私たちの食の領域を占領するかにさえみえる。しかし北上町には、みんなで持ち寄り、みんなで調理し、みんなで味わう、いわば第三の食とでもいうべき「地域の食卓」が健在だった。そこは互いの食の知恵を交換するだけでなく、次世代に地域の味を伝える場であり、何よりも地域の人びとの楽しいコミュニケーションの場でもあった。

観音講と精進料理をテーマに

「北上町の子どもたちを、もう一度地域の食卓の場へ」。その呼びかけに女性たちが応えてくれた。テーマは観音講と精進料理。観音講は子宝と安産祈願をもとにした講組織だが、ふだんはなかなか休むことができない農山漁村の主婦たちの骨休めの日という意味もあった。家族の世話や労働から解放され、のびやかにくつろぎ、ときに互いに愚痴をこぼしたり慰めたり。そして何よりの楽しみはみんなでつくって食べる精進料理であった。

　精進料理には日本料理の原型ともいうべき要素が数多く含まれている。たとえば旬の食材を使うこと。無駄なく生かして料理すること。五味、五法、五色を心がけて料理することなど、人の心も食の心も乱れに乱れた鎌倉時代の日本の、その回復の手だてを食に求めた、道元禅師の『典座教訓』の精神がかたちになったものである。肉類などの動物食品を禁じたその食材の制限は、それが仏教的なものを背景にしていたとはいえ、限られた条件のなかでいかに食を豊かにするかという工夫の精神は、農山漁村の女性たちの現実と呼応し、脈々として受けつがれてきた。だが現代の食状況の変化は、この伝統的日本の食文化の精神もかたちも、洋風化や外部化などによって視界から消し去ってしまった。「観音講」という地域文化と伝統的食文化の、2つながらを伝える「地域の食卓」は、まずは「北上町の精進料理を味わう会」の開催となって具現化された。2つの小学校の児童がこの食卓に招かれた。いわば課外授業。先生は地域の女性たち。いつもとちがう御膳形式の食卓に、少々緊張気味の小学生たち。精進料理ができ上がるまでの時間を利用して授業が行なわれた。テキストは北上町の女性たち

北上町の精進料理を味わう会

のヒアリングから生まれたオリジナルの『北上町食べもの読本』。

「……北上町は食べものの宝島です。それはこの町が海、山、川、田、畑など食べものがとれる自然が豊かだからなんだ。おばあさんたちに聞いたら、３００種類ものおいしいものがあったんだよ。おばあさんたちは、その材料を、たとえば大根１本を20種以上の『切り方』ができるんだよ。キミたちはいくつ知ってるかな。観音講はね、毎日一生けんめい働くお母さんたちのお休みの日だったんだ。その日みんなで食べるのが精進料理。お肉もお魚も使わないのにとてもおいしいんだ……」

食育が伝える暮らしの心

授業も終わりに近づき、目の前のお膳に料理が運ばれ、さていただきますという段になって、子どもたちに最後の質問が投げかけられた。

「食べる前にあいさつする『いただきます』は誰に向かって言うんだろうか?」

問いかけられた子どもたちが答える。

「食事をつくってくれた人に」

「野菜や魚をとってくれた農家や漁師さんに」

「そうだね。でももっとあるよ」

しばらく考えて「水や土や太陽などの自然に……」。

「でももうひとつあるんだよ」と問われて子どもたちの手は挙がらなくなった。怪訝そうな子どもたちをみながら「食育」の先生が言う。

「あの北上川の橋のたもとに『魚介類之供養塔』という石が建ってるでしょう? あれはこの海や川で魚をとっている漁師さんたちが、お魚さんのいのちをいただいてごめんなさい。でもそれを食べているから私たちは生きていけるんです。ほんとうにありがとう、という気持ちを込めて建てたものなんだ。私たち人間は毎日、動物や植物を食べています。その生きものたちに、ありがとう、いただきます、という気持ちを忘れないようにしようね」

身近にある食材の、その豊かさを誇るのではなく、それら身近にあるものたちに生かされてある暮らしの心を伝えようとする人びとがいた。そしてその言葉を真剣に受けとめようとする子どもたちがいた。北上町の地域資源。それはストレートに経済活用には向かわないが、次の時代を生きる子どもたちの胸に、まっすぐに届けられる。それもまた地域資源の活用のかたちなのではないか。

家族の食卓に眠っている地域資源活用のヒント

こうした北上町の「地域の食卓」づくりの試みは地域の人びとだけではなく意外な広がりと反響をみせた。ＮＨＫテレビが「食を次世代につなぐ」というテーマで、3時間半の全国生中継を北上町からやりたいという。題して「ふるさとの食・にっぽんの食」。そこには食料の6割を海外に依存し、外食や調理済み加工食品という外部依存の度合を高めていく日本人の食卓を、もう一度、ふるさとの食を通して見つめ直してみたいという思惑があった。

　ふるさとの食——それはたんに伝統的食材を使った料理のことだけではあるまい。それだけなら「郷土料理」を看板にした都市の店でも十分味わえる。ふるさとの食——それは買う食卓ではなく、つくる食卓を基本とする。自ら土を耕し種をまき、舟をこぎ出し魚介や海藻をとり、山に分け入り山菜やきのこを採取し、日々に備えるために保存や加工を行なう。すべての食にかかわる作業の積み上げからふるさとの食は生まれる。むろん今日、そうしたすべてのプロセスにかかわることはむずかしい。しかしたとえ限られた条件のなかであれ、家族においしく食べさせたいと思う。その気持ちから生まれるものがふるさとの食の原点であると思う。

　ふるさとの豊かな食材とそれを育む自然の大きさ、大切さ。それを支えるさまざまな人びとを先生に行なわれたＮＨＫの「課外授業」は、子どもたちだけではなく、おとなたちにとってもあらためて

持ち寄った「とりまわし料理」を味わう女性たち

わが町の基層の力を実感させ成功裡に終わった。北上町の人びとは、あらためて確認された豊かな地域資源を生かすべく、年中行事と食をテーマにした「食育」の場をつくったのだ。

地域資源とその活用のヒントは、自然とともに暮らす家族の食卓に眠っている。それをまず掘り起こしてみること。それはすぐには経済効果は生まないが、これからの地域づくりに与えるものはけっして小さくはないと思える。

(2) 地域資源調査＝あるもの探しの生かし方

「何もない」村を変える地域資源調査

北上町のような海や大河をもたない、たとえば中山間地における地域資源についても簡単にふれておきたい。

宮城県白石市小原地区。人口約１３００人。世

帯数450のこの村は典型的な宮城県の中山間地集落である。この地域の人びとも長い間、自分の村には「何もない」と思い込んでいた。高齢化率40%。急傾斜の耕地。加えてサルなどの深刻な鳥獣被害。それゆえか、未利用遊休地は30%を超えている。誰もが心の中では、こんな現状をなんとかしたいと思っている。しかし個人の力ではどうしようもないと、ついあきらめの愚痴ばかり。みんなの力が集まれば何かができるとは思うのだが、兼業率90%を超える中山間地では、大半の家が昼間は勤めに出ていて、ゆっくりと村の将来を話し合う機会も少ない。

そんなとき地域資源調査はひとつのきっかけづくりになる。人が集まって何かをなすことはできないが、互いがもっている農産物を集めて、季節限定の朝市ならばできそうだ。表2－7は、宮城県大河原農業改良普及センターの加藤健二さんが、すべての集落にアンケートを行ない集計した地域資源の一覧表である。

加藤さんが村の人びとに朝市の開催と参加を呼びかけたとき、村人の多くは、興味はあるが出品できるものがないと消極的だった。通常、私たちの判断は自己中心的である。自分に売りものがないのだから、他人もまたないだろうと思い込みがちである。たとえ長い間同じ村に住んでいても、意外に見えなくなっている他人の暮らし。それがみんなを消極的にしている原因ではないかと加藤さんは考えた。いったいこの村にどれだけの農産物があるのか。その全容を村人に示して判断してもらいたいと実施されたのがこのアンケート。いわば「村のあるもの探し」である。

あるもの探しのポイント

しかし、この「あるもの探し」はたんにモノの所在や有無の確認ではない。山の力、畑の力、人の力、村の力をたしかめる調査である。それだけではない。人の事情や人の意志をたしかめるものでもある。加藤さんの行なった調査のポイントは4つある。

第一は、作物の「収穫できる月」を調べたこと。これで小原地区の旬がわかるだけでなく、個人では短期の供給でもみんなでやれば通年供給できるものが意外に多いということがわかった。

第二は、「栽培地区」をていねいに調べたこと。誰が、どこで、何をつくっているかがひと目でわかる。小原地区は14の集落から成り立っている。ある集落でつくっているものでも、別の集落では栽培していないものも多い。狭いようでも地形、土質、温度など条件は同じではない。

第三は、「収穫できる量」のチェック。「自家用以上に十分にとれるもの」「自家用のみ」「ごくわずか」の3つに分類した。これによって朝市への供給可能量が推測できる。

第四は、「販売できるもの」「販売できないもの」という分類。これによって市への出品の意思をある程度うかがうことができる。

情報のリスト化と共有化が村を動かす

この集計リストをみんなが集まった会議で発表したところ、思わずどよめきが起きた。ひとりひとりでは「何もない」ようにみえても、集まれば、こんなにもたくさんの農産物がわが村にはある。驚

農産物・加工品リスト

（回答数186、全戸数435、回収率42.8%）

栽培地区名（集落名）											自家用以上	自家用のみ	ごくわずか	記入なし	販売○	販売×	記入なし	栽培農家
冷清水	大熊	東	塩倉	中北	猿鼻	新町	赤坂	湯元	明戸	小久保平								
●	●	●	●	●	●	●	●	●	●		57	57	3	21	43	61	34	138
●	●	●	●	●	●	●	●		●		8	29	4	9	7	30	13	50
	●		●			●	●		●		4		1	1	3	2	1	6
	●	●	●	●	●	●	●		●		4	19	7	8	4	19	15	38
●	●	●	●	●	●	●	●		●		6	25	12	9	8	27	17	52
			●				●						2	1		2	1	3
			●		●						2	1	2		2	2	1	5
			●				●						3			2	1	3
			●										2			1	1	2
			●			●							2	1		1	2	3
●	●	●	●	●	●	●	●		●	●	11	95	9	18	11	90	32	133
●	●	●	●	●	●	●	●		●	●		33	15	11	1	42	16	59
●	●	●	●	●	●	●	●		●			18	4	2		15	9	24
●	●	●	●	●		●	●		●	●		17	3	5	1	16	8	25
●	●	●	●	●	●	●	●		●	●	5	45	13	12	2	52	21	75
	●		●	●	●	●	●		●		3	19	6	8	2	20	14	36
●	●		●	●		●			●		3	12		3	2	10	6	18
	●		●	●	●	●	●		●		4	7	2	1	3	8	3	14
●	●			●	●	●	●		●			8	1	3	1	7	4	12
●	●	●	●	●	●	●	●		●		3	14	6	5	2	16	10	28
						●					1				1			1
													1				1	1
											1				1			1
														1			1	1
									●		1				1			1
●	●		●	●	●	●	●	●	●	●	1	38	18	6	2	47	14	63
●	●	●	●	●	●	●	●	●	●	●	7	63	23	14	7	73	27	107
●	●	●	●	●	●	●	●		●	●	1	36	12	9	1	38	19	58
●	●	●	●	●	●	●	●		●		1	21	4	5		18	13	31
	●		●	●	●		●		●	●	1	4	1	3	1	5	3	9
	●	●	●	●	●	●	●		●		1	9	5	3		12	6	18
●	●	●	●	●	●	●	●	●	●	●	10	45	25	15	9	62	24	95
			●	●		●					3	1	1		3	2		5
●	●	●	●	●	●	●	●	●	●	●	12	89	15	22	10	89	39	138
●	●	●	●	●	●	●	●		●	●		28	10	9	1	30	16	47
●	●	●	●	●	●	●	●		●			11	1	6	1	9	8	18
											1				1			1
●	●	●	●	●	●	●	●	●	●	●	20	87	14	14	17	88	30	135
●	●	●	●	●	●	●	●		●	●	3	35	13	6	3	39	15	57
●	●	●	●		●	●	●			●		10	4	4		12	6	18
	●				●	●						1	2	2		2	3	5
	●		●			●					2			2	2		2	4
●													1		1			1
	●			●	●	●			●			10	4	1		11	4	15
●	●	●	●	●	●	●	●		●			16	5	4		18	7	25
●	●	●	●	●	●	●	●		●		3	16	9	6	1	22	11	34

表2－7　宮城県白石市小原地区の

		収穫できる月														
		1	2	3	4	5	6	7	8	9	10	11	12	上戸沢	下戸沢	赤井畑
穀類	粳米									8	13	10		●	●	●
	糯米									4	11	7			●	●
	酒米									1	3	2				
	アズキ									4	8	8	1		●	●
	ダイズ									5	9	8	1		●	●
	ムギ						1								●	
	ソバ										3	1			●	●
	ジュウネン（エゴマ）										2				●	
	ゴマ														●	
	タバコ							1	1						●	
野菜	ハクサイ							1		3	11	11	5		●	●
	ホウレンソウ	1		2	6	7	4	3	1	3	7	5	3		●	●
	シュンギク				2	3	4	3	2	2	2	2	1		●	●
	ブロッコリー	1	1	1			1	1	1	3	6	4	1			
	ネギ	2	2	1	2	2	5	2	5	5	10	9	7		●	●
	タマネギ				1	2	5	4	4		3	1	1		●	●
	ニンニク						2	4	3			2			●	●
	ラッキョウ						4	3	2							●
	小松菜	1	1	1	2	2	4	2	1	2	4	3	1		●	
	シソ					1	5	7	3	4	1				●	●
	キャベツ						1									
	ツルムラサキ							1	1	1	1					●
	キャベツ					1										●
	カブレナ					1										●
	アオジソ							1								
	トマト						1	10	8	9	4				●	●
	ナス						4	11	9	10	6				●	●
	ピーマン						2	9	9	9	2				●	●
	トウガラシ						1	7	7	5	2				●	●
	ハヤトウリ								1		1	5				
	オクラ						1	2	4	4	4				●	●
	カボチャ							7	9	8	10	8	1		●	●
	キュウリ						1	3	2	1						●
	ダイコン			1	1	1	3	1		5	12	12	4		●	●
	ニンジン	1	1	1	1	1	1	4	1	4	10	9	2		●	●
	コカブ				1		1	1	3	1	5	4			●	●
	ハツカダイコン								1							●
	ジャガイモ						2	11	12	5	2	1			●	●
	サトイモ									9	10	7			●	●
	ナガイモ									1	3	6	1		●	●
	サツマイモ									1		1				●
	ミョウガ						1		3	1	1					
	ヤマイモ										1	1				
	スイートコーン							1	3	1						
	インゲン				1	3	6	5	6	2					●	●
	枝豆						1	2	8	7	2				●	

栽培地区名（集落名）											自家用以上	自家用のみ	ごくわずか	記入なし	販売○	販売×	記入なし	栽培農家
冷清水	大熊	東	塩倉	中北	猿鼻	新町	赤坂	湯元	明戸	小久保平								
					●						1	1			1	1		2
●					●	●	●					5	3	2	1	7	2	10
						●					1				1			1
						●					1				1			1
									●					1			1	1
	●										4	1		2	4	1	2	7
	●						●		●		5			2	6		1	7
	●										1				1			1
●	●	●	●	●	●	●	●		●		5	16	2	2	3	14	8	25
●	●	●	●	●	●	●	●		●		12	27	12	7	12	32	14	58
●	●	●	●	●		●	●	●	●		7	9	5	5	7	11	8	26
	●		●	●		●	●				3	3	2	2	3	4	3	10
	●		●			●					6	1	2	3	6	3	3	12
●	●	●	●	●	●	●	●		●		14	23	9	7	14	26	13	53
●	●	●		●	●	●	●		●		8	8	3	3	6	8	8	22
																		0
	●		●	●		●	●		●		5	12	4	6	2	10	15	27
			●								1						1	1
			●			●					3	1			3	1		4
			●								1				1			1
			●		●	●					1	2			1	2		3
					●	●						1		1		1	1	2
●				●		●		●	●			7		1		5	3	8
●		●	●	●	●	●	●	●	●		4	27	11	3	3	35	7	45
					●		●				1	12	4		1	15	1	17
					●		●					1	2	1		4		4
						●			●				1	1			2	2
							●						1			1		1
					●								1			1		1
			●											1			1	1
			●											1			1	1
			●									1				1		1
			●								1				1			1
				●								1				1		1
	●	●	●	●		●	●		●	●	5	8	7	6	5	12	9	26
●	●		●	●		●	●		●	●	6	4	6	5	5	9	7	21
●	●	●	●	●		●	●		●	●	13	22	11	10	11	31	14	56
●	●	●	●	●	●	●	●		●		5	6	5	6	6	10	6	22
	●	●	●	●		●	●			●	5	7	5	5	6	11	5	22
●	●		●	●		●	●		●		2	7	2	4	2	8	5	15
	●		●	●			●			●		5	4	2		8	3	11
	●		●	●		●	●				2	6	4	3	3	8	4	15
●	●	●	●	●		●	●		●		3	13	6	6	2	18	8	28
	●	●	●	●		●				●	1	2	4	4	2	3	6	11
●												2	2	1		3	2	5
	●													1		1		1
●	●	●	●	●	●	●	●		●		6	13	3	5	9	12	6	27
					●								1			1		1
			●								1					1		1
			●									1				1		1
												1				1		1
	●					●						1	2			2	1	3

		収穫できる月														
		1	2	3	4	5	6	7	8	9	10	11	12	上戸沢	下戸沢	赤井畑
花類	苗					1										●
	キク								4	2	2	3	1		●	●
	チューリップ球根						1	1								
	モッテノホカ苗					1						1				
	観葉植物															
果樹	リンゴ									1	1	1	1			
	モモ							1	3	1						
	ヨウナシ										1	1				
	甘柿									4	7	8	4			●
	干し柿	2								3	5	10	10		●	●
	クリ									9	7	3	1	●	●	●
	クルミ								2	3	1	3			●	●
	スモモ						1	2		1						
	ウメ					1	8	10	2						●	
	イチジク							1	2	6	7	3				●
	ヤマブドウ															
	キウイフルーツ										2	8	3	●	●	
	ビワ															
	アケビ								1	1	2					●
	ギンナン											1	1			
加工品	乾物									1	1	1				
	惣菜															
	味噌	1			2	1	1				1	1	1		●	
	梅干し	2					4	4	4	5	1				●	●
	漬物	1	1	1	1	1	1	1	1	1	1	2	1		●	●
	果実酒															
	まむし酒											1				
	イナゴ										1					
	ザクロ酒												1			
	漬物（ピクルス）	1														
	梅酒	1														
	おみ漬											1				
	しそ巻き						1	1	1	1						
	漬物（ダイコン）										1	1	1			
山菜・きのこ	ウド			1	4	9	2	1							●	●
	タラの芽		1		4	7	1								●	●
	ウルイ		1	1	3	11	6	2							●	●
	フキ				2	8	4	3	1	1					●	●
	シドケ				4	8									●	●
	ミズナ				2	5	3								●	●
	アイコ				2	6									●	●
	コゴミ			2	4	7									●	●
	ワラビ					9	6	4							●	●
	キノコ				1	3			2	3	3			●	●	
	ゼンマイ				1	3										●
	百合根					1										
	タケノコ					9	4	1								●
	ウコギ					1										
	マツタケ									1	1					
	ヨシタケ										1					
	ナメコ														●	
	シイタケ					2					1					●

冷清水	大熊	東	塩倉	中北	猿鼻	新町	赤坂	湯元	明戸	小久保平	自家用以上	自家用のみ	ごくわずか	記入なし	販売○	販売×	記入なし	栽培農家
栽培地区名（集落名）																		
	●		●			●	●		●		2	3	1		2	4		6
	●										1	1		1	1	1	1	3
			●											1			1	1
			●											1			1	1
		●										1				1		1
		●												1	1			1
								●						1			1	1
								●						1			1	1
								●						1			1	1
								●						1			1	1
●											1				1			1
●											1				1			1
●													1		1			1

きとともに、これなら朝市が実施できるとの自信がみんなの顔にあらわれてきた。さっそく5月の連休に、山菜を中心にしたテスト販売が行なわれた。予想以上に飛ぶように売れた。あわてて家にとって返し、山に分け入り山菜をとり、再び市にピストン輸送する人もいた。不安のなかのスタート。しかし初めての販売経験者にとって、たとえ金額は少なくても売れることは何よりの薬、励みになる。あらためて身近にある食材の価値に気づく瞬間であり、あきらめていた心が意欲に変わる瞬間でもあった。

こうして加藤さんの労作である小原地区の地域資源リストは、中山間地の村人の意識を変えただけでなく、朝市の開催のたびに増加していく売上げに気をよくしてか、作物の作付け面積が少しずつではあるが増え始めた。

長年耕作放棄されていた土地を再び耕し、都市住民と協働しながらのソバ栽培も始まった。1軒の農家の老夫婦2人だけならソバの栽培面積は2反歩が限界だという。ならば都市の住民が草刈り、種まき、雑草とり、刈取り、脱穀を、節目節目に手

		収穫できる月														
		1	2	3	4	5	6	7	8	9	10	11	12	上戸沢	下戸沢	赤井畑
工芸品・その他	炭	2	2												●	
	くず		1	1												
	押し花しおり	1														
	押し花色紙	1														
	玉縄			1												
	鶏卵															
	木彫工芸品															
	スカーフ・ストール															
	アクセサリー															
	医療品															
	竹炭	1	1	1	1	1	1	1	1	1	1	1	1			
	竹酢液	1	1	1	1	1	1	1	1	1	1	1	1			
	アケビツルのかご					1					1	1				

注：宮城県大河原農業改良普及センター加藤健二氏調査より。

伝えば1町歩は可能である。8反歩の増反面積からとれたソバの2割は手伝った都市の人びとへの現物謝礼に差し上げる。それでも6反歩のソバの増収になる。都市住民もソバのイロハを教えてもらえる貴重な体験の場になる。何よりも、一緒に作業をすれば交流の輪が広がり深まる。これを小原地区では「農のワークシェアリング」と呼んでいるが、耕作放棄を解消するために、ダイコンやハクサイなどをテーマに農のワークシェアを次々にやっていこうとの意欲

小原地区で始まった都市住民と協働のソバ栽培

も高まってきた。

ひとつの地域資源のリスト化と、その情報の共有化が、村人同士をつなぎ、そのネットワークが外にも広がろうとしている。地域資源調査が未利用農地の解消にも役立っている例であるが、その推進が、従来の組織論ではなく、都市の人びととの協働というネットワーク的手法で展開されていることに注目したい。

(3) 組織化の方法と展開
――宮城県宮崎町「食の文化祭」の経験から

委員会方式の問題点

これまで地域資源の調査や活用にあたっての組織といえば、特産品開発を目的にした委員会方式が多かった。行政や農協、商工会などが呼びかけの主体であれば、ある意味でやむをえないことかもしれない。いわゆる有識者やコンサルタントをアドバイザーにして、地域の各団体から推せんされた人びとをメンバーに、地元の消費者などを加えた委員会組織である。

筆者もそのような委員会に何度か参加したことがある。たしかに選ばれた委員たちは地域の実情に通じ、地域資源の情報ももっており見識もある。しかし、それゆえか先入観や固定概念も強く、わが町の資源はこれをおいてはないと断言する人すらいる。とりわけ男性にはその傾向が強い。

また特産品開発の事業はなんらかの補助事業として導入されることが多いため、一定程度の成果をあげなければならないプレッシャーから、責任ある立場の人びとがメンバーになってしまうのだろうか。補助事業が求めるのは特産品開発による経済効果である。それを優先させれば地域資源は安定供給できるものに限定せざるをえなくなる。それはある意味でやむをえないことである。

地域資源の商品化。それは地域経済の後退にあえぐ農山村地域でこれからも取り組まれ開発されていくと思われる。しかし、その陰で活用されることなく再び「未利用資源」になっていくものたちはどうしたらよいのだろうか。そして従来の委員会方式だけではない、もうひとつの組織化の方法はないものだろうか。宮城県旧宮崎町（現加美町）で試みられた方法をふり返ってみたい。

外に持ち出せないおいしさの発見

宮崎町は１５００世帯６５００人が暮らす農業を基盤にした町である。１９９８年、この町の商工会が、いわゆる特産品開発事業を導入した。組織は例の委員会方式。当然ながら委員会は、「わが町の最大資源は糯米《もち》である」と結論づけ、それを切りもちにして真空パック包装で外に売り込むべしと主張した。

それに対してもち加工グループの女性たちから「切りもちもいいけれど、もちはやっぱり搗きたてが一番おいしい。それを特産品にすることはできないかしら」という提案がなされた。すでに女性たちは週末の土曜・日曜の２日間、町の施設をかりて、搗きたてもちの店を営業していた。しかし宮崎町は中山間地で、県の中心都市仙台からは１時間半ほどかかる。わざわざ宮崎町まで来る客は少ない。

だが、そのもちを食べた客の評判はすこぶるよかった。その評判がクチコミとなって客数も増えていた。むろん店では切りもちも販売していたが、客の目当ては搗きたてもちのおいしさ。その反応に女性たちは手応えを感じていた。

だが委員会の意向は、おいしさはわかるが外に売り出せなければ商品ではないというものだった。委員たちの意識を支配しているのは、「地域資源は加工して持ち出して売るもの」との思い込みである。しかし、女性たちが大切にしたいのは「おいしい食べもの」である。外に持ち出したとたんに消えてしまうおいしさをなんとか味わってもらいたいという思いである。

たとえば隣県の山形には「そば街道」と呼ばれるほどに県内中にそば屋がある。休日ともなれば近県から車でかけつけるそばのファンでにぎわう。挽きたて、打ちたて、茹でたてのそばがもつ味わい。とりわけそれがもっている香りは、そこに行かなければ味わえない。ただのそばならどこでも味わえる。しかし今、人びとがそばに求めているのは舌で味わうだけのそばではなく、香るそばである。食べものには、おいしさの時間というカベがある。もちもまた同じと女性たちは言いたかったのである。

筆者は委員会のメンバーに聞いてみた。

「ところでこのなかで、女性たちがやっている店で搗きたてのもちを食べた方はどのくらいいますか？」

30人近いメンバーの誰ひとり、食べたことがなかった。それなのに搗きたてもちは特産品としては失格であるとの判断を下した。どこかおかしい、と筆者は思った。人は商品としての食だけを求めているのではない。人がさがしているのは「おいしい食べもの」である。商品化によって失われてしまうおいしさを、そのまま食べてもらいたい。とすれば、その場をつくることも特産品開発の役割ではないか。搗きたてもちを食べずに、そのおいしさを実感しない者たちによって推進される委員会とはなんなのか。

わが家の自慢料理を掘り起こす「食の文化祭」

女性たちの控え目な提案がヒントになって、宮崎町は独自の道を歩み始めた。この町に外に持ち出せないおいしいものがどれだけあるか。それをなんとか地域資源リストに加えられないか。そこで始められたのが、宮崎町１５００世帯の家庭内で食べられている、わが家の自慢料理を一堂に集めて展示してみようという企画である。名づけて「宮崎町・食の文化祭」。ふだんの暮らしの中にこそ本当のおいしさが眠っている。いわば地域資源調査をかねた、わが町の食の見本市。

町内の人びとに呼びかけたら、なんと８００品もの家庭料理が体育館せましと集まってきた。その壮観さ、その多彩さ。まさに食は家庭内にあり。出品した宮崎町民がまずびっくりした。わが町の女性たちが日々積み上げてきた料理術のすごさ。何よりも家族を思う女性たちが一品に込めた心づかい。１万人以上の人びとが来場し、一品一品をていねいに眺めていた。

以来４年間、７回にわたって開催された「宮崎町・食の文化祭」のプロセスから、さまざまな提案

町外に持ち出せないものを持ち寄った「宮崎町・食の文化祭」

が町民のなかから出てきた。たとえば4年間に集まった町内の女性たちの家庭料理のレシピ。それはすでに２５００種にも及び、レシピ集も2冊にまとめられている。食の文化祭をみた町内外の人から、ぜひ食べてみたいというリクエストのある料理も多い。この町には、ほとんどの食材があり、それを料理する人がおり、レシピ集も揃った。あとはそれを味わえる場があれば……。

「農村レストラン」「食の学校」

たとえば「宮崎町農村レストラン」。これからはわが町の高齢化はますます進む。ひとり暮らし、2人暮らしがあたりまえになるだろう。行政が行なう弁当の宅配サービスもよいが、いくらおいしい料理でもひとりで食べるのはさびしい。食事はみんなで食べてこそ味わいも格別。いつでもあそこに行けば誰か知人がきっといる、そんな場所があったらいい。料理を前に豊かなコミュニケーションがはかれる農村レストランを女性たちの力で運営しようではないか。そこは外からやってきた客も利用できるところ。都市、農村の交流拠点としても活用できる。

「食の学校」をつくれないだろうか。そんな提案もなされた。子どもたちが減って分校が閉鎖されていく。あの建物を利用して「食の学校」をつくろう。なぜなら、宮崎町は食材が豊富にある。料理も多彩にあることは「食の文化祭」を通じてあらためて認識した。だがそのレベルはまだまだ上げていける。それをお互いに教え、学び合う場がほしい。せっかくの郷土料理や伝統料理がありながら、それを若い人や子どもたちに伝えていく場がなくなった。食の知恵と技術を次世代につなぐ場としての「食の学校」構想である。

そのほか、「食の文化祭」をきっかけに始まった市のサポート体制づくり。さらにそれを広げる機能の必要。さらには加工や特産品づくりの拠点づくり。「食の文化祭」を経験した人びとからの提案が次々に出されてきた。

地域の若者たちも動きだした

しかし、さて、それを誰がやるのか、推進していくのか、となると、これが簡単ではない。夢や期待はふくらむが、現実の問題となると話は途切れがちになる。組織づくりのむずかしさである。そのむずかしさがそうさせるのか、その主体の形成について、矛先はたいてい行政に向けられる。これだけ住民が希望しているのだから行政が中心になってまとめるべきだ、と。だが宮崎町は当時合併問題の途上にあり、責任ある答えができないでいた。

そのジレンマのなかからひとつの方向が提案された。それはこれまでは「食の文化祭」の裏方として手伝っていた若者たちである。どの町も若者の流出で悩んでいるが、町に若者がいないわけではない。この町に仕事の場が少ないから、ほかの地域に勤務しているだけで、それなりの若者たちはいる。だがその若者たちが活躍する場が町には少なかった。

宮崎町の若者たちは4年間にわたって「食の文化祭」のサポートをしながら、今まで見えなかったこの町の多様な資源と人材とその可能性に気がついた。自分たちが協力すれば、その可能性が広がるのではないか。ほかの町に出ていった同級生たちに声をかければ協力してくれるかもしれない。都市もなかなか苦しそうで、できればもう一度町に戻りたいという友人も多い。そうした仲間の力を合わせれば何かができそうな、始まりそうな予感がした。あきらめていたこの町に、自分たちの力を生かす新しい仕事の場がつくれそうな気がした。

人の力をサポートしネットワーク化

ひるがえって組織とは、一緒に物事を為す主体のことである。組織とは人数や機能や役割分担などのシステムのことではない。大切なのは、それを為そうとする主体の、その意志や心の問題が大きい。若者たちはそれを次のような提案にまとめて町民に問いかけた。

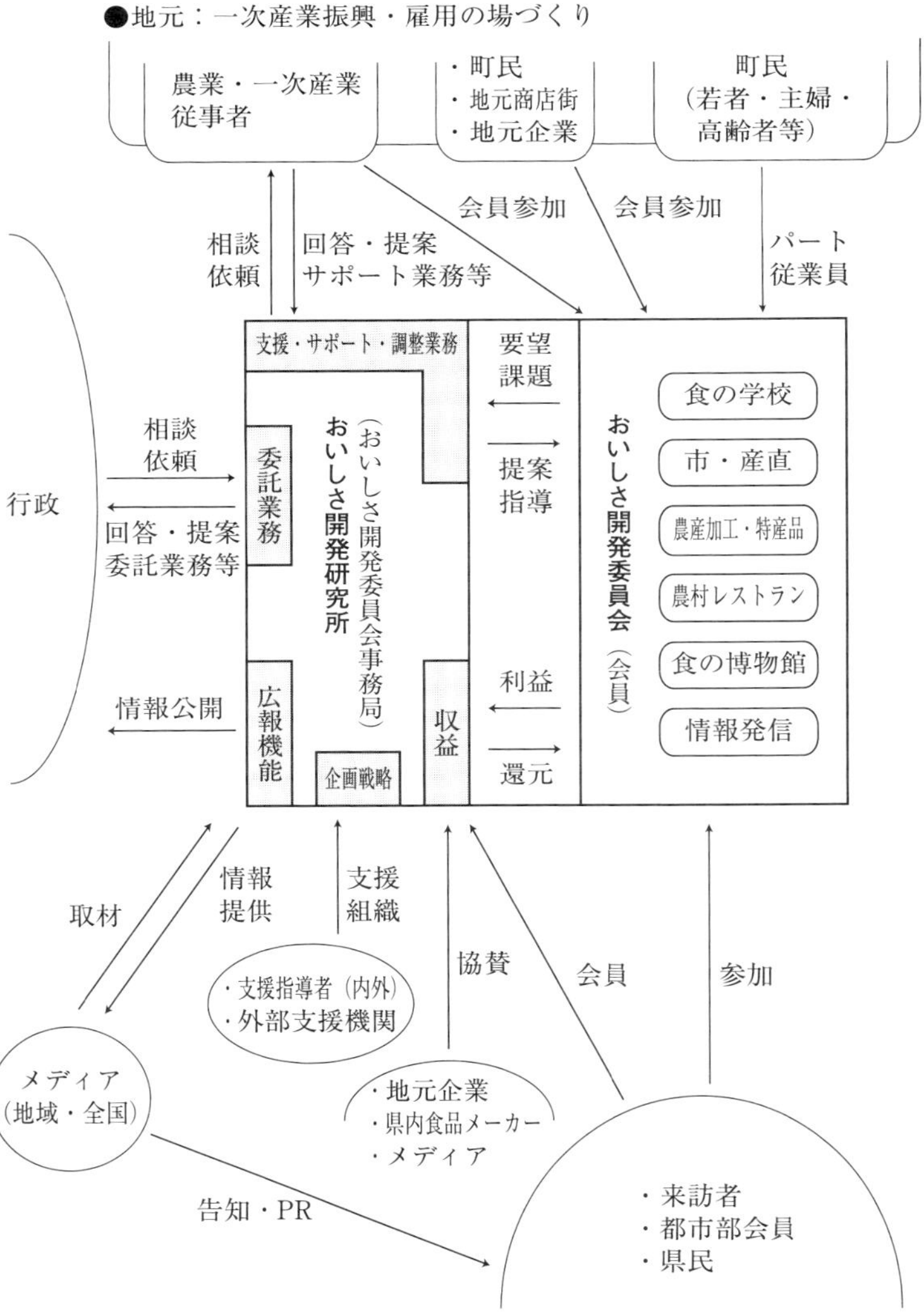

図2－7　おいしさ開発研究所およびおいしさ開発委員会の事業システム―3カ年事業計画イメージ―

…安全・安心、品質管理、生産履歴、ブランド等
…貯蔵・加工技術、賞味品質、衛生、食材別研究
…田舎・素朴→本物志向へ、調理アレンジ、おいしさ研究
…食の道具（食器・食具）や食の空間演出

付加価値のある
農業・食づくり

…農業や農的暮らしに関心のある人の支援

…宮崎町の暮らしや農家の仕事のお手伝い（体験の場、出会いの場、働く休暇）

…平日／週末：地元消費者／来訪者
自給野菜のおすそわけ→付加価値のある品揃え
…外食事業者への安定供給
都市生活者への野菜等宅配
…巡回販売（固定）・スーパー店頭などの販売
…地元商店街と連携（高齢者宅等）

「地域の食卓」
家庭（町）
↕
都市
（安定供給・コスト）

…家庭の食卓の代行（味、旬の食材）、レシピ活用

…パン（惣菜、ジャム、ビン詰）、うどん・そば（生麺）など

…朝ごはんセット、田楽豆腐セットなど
アイガモ肉、大豆、発酵、塩蔵など（食の学校）

…もち料理のお膳や弁当、切りもちセット、地元食材、生産履歴

…地元天然酵母パン（惣菜、サンド、小豆、ジャム等）、手打ちうどん、ピザなど生産者や市・加工部門連携
…手打ちそば、生産者や市・加工部門連携

…家庭の食卓、レシピ活用、大豆料理、山菜料理などの季節の収穫物の活用

…交流人口開拓の場、特産品や食事の試作の場、地元の食文化の情報公開の場（価値化）、販路開拓の場

…町広報、かわらばん、公式サイト・メールサービス（活動報告、各部門の告知・PR、販路開拓）
…農業や各部門の取組み、研究報告、各種データ公開（おいしさ開発委員会の付加価値づくり）

委員会の構成

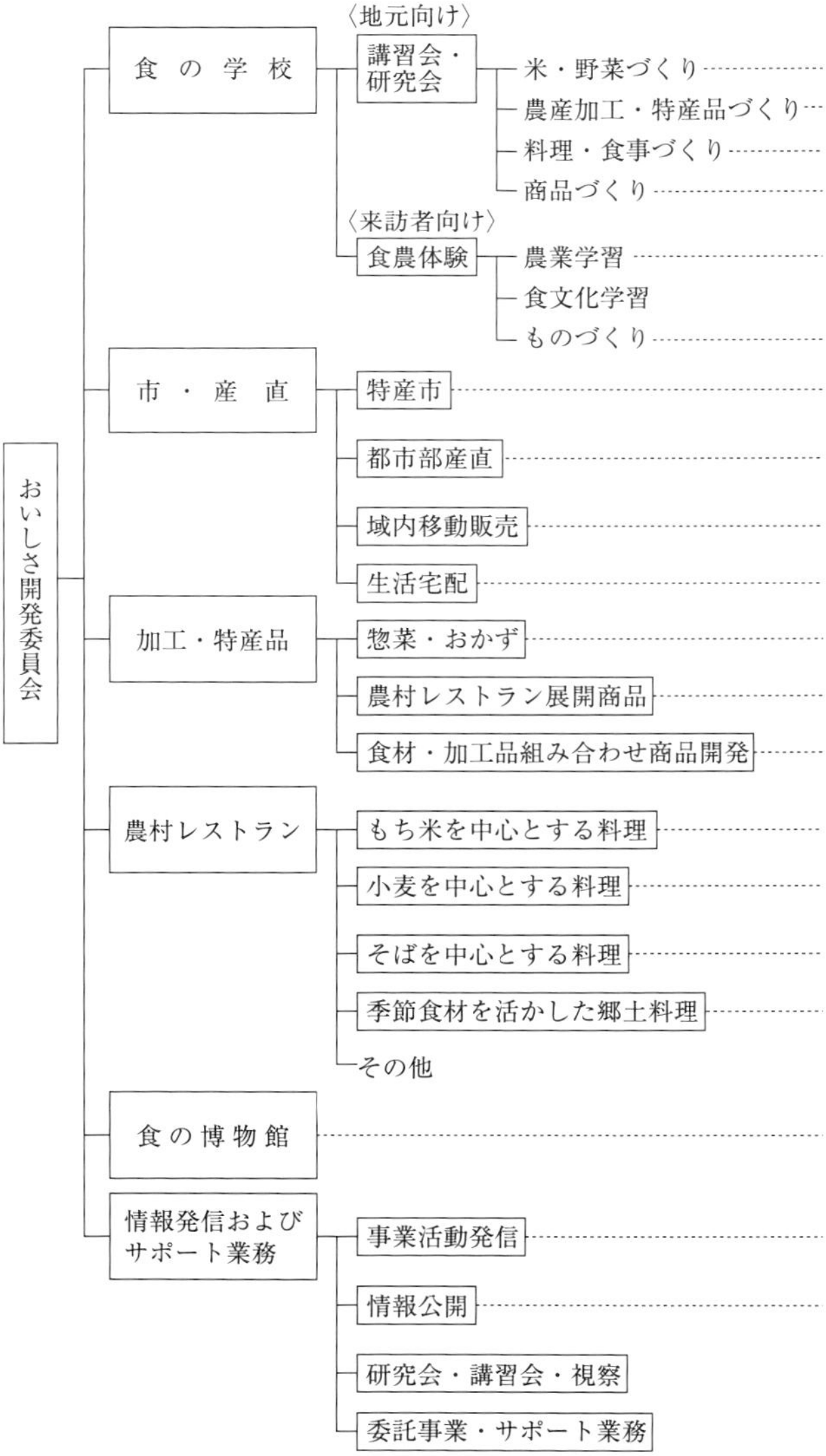
おいしさ開発委員会
食の学校
〈地元向け〉
講習会・研究会
米・野菜づくり
農産加工・特産品づくり
料理・食事づくり
商品づくり
〈来訪者向け〉
食農体験
農業学習
食文化学習
ものづくり
市・産直
特産市
都市部産直
域内移動販売
生活宅配
加工・特産品
惣菜・おかず
農村レストラン展開商品
食材・加工品組み合わせ商品開発
農村レストラン
もち米を中心とする料理
小麦を中心とする料理
そばを中心とする料理
季節食材を活かした郷土料理
その他
食の博物館
情報発信およびサポート業務
事業活動発信
情報公開
研究会・講習会・視察
委託事業・サポート業務

図2-8　おいしさ開発

「宮崎町に『おいしさ開発研究所』と『おいしさ開発委員会』をつくりませんか。『食の文化祭』で積み上げたこの町の食の力と、人の力という2つの財産を土台に、この町をもっと楽しくしていこうという試みです。そこは私たち宮崎町民が抱いている期待や願いを実現するための場であり、また、それぞれがかかえている課題や悩みをともに解決していく場づくりでもあります。とりあえず『食』をテーマに発足しますが、『おいしさ』とは食だけにとどまるものではありません。この町の暮らしのすべてを『おいしく』快適にしていくことを目的にしています。みんなの力を合わせて宮崎町を『おいしい地域』にしていきませんか。たくさんの町民の参加をお待ちしています」

図2－7、8は、若者たちがつくった「おいしさ開発研究所」と「おいしさ開発委員会」の構想図である。ここで注目すべきは、このプロジェクトがこれまでのような組織によって推進されるのではなく、この町に暮らす人びとの力が発揮されるようにするためのサポートとネットワークを主眼においている住民参加のシステムであることである。初めに組織ありき、ではない、地域の人びとの力を信じる「組織」であると思う。

従来の組織が一見、開かれているようにみえて、そのじつ地域の人びとから離れた閉鎖的組織だったのに比べて、若者たちが提案する組織は、地域の人びとが参加しやすいような多様な場をつくり、それぞれの人の力が発揮されやすいように配慮した、開かれた、やわらかいネットワークのようにみえる。それは、地域資源をモノだけにとらえず、人や自然など地域に内在するすべてを資源とみる、開かれた参加の場のプロデュースのように思える。

3　食から始める地域づくり
——山形県真室川町「食の文化祭」「食べ事会」「うつわの会」

(1)「あがらしゃれ」の村づくり

山形県真室川町は伝承文化の里である。この町の人びとは、先人たちが守り伝えてきた伝統文化を何よりも大切にして暮らしている。１年余、この町の集落を訪ね歩き、山伏神楽のひとつである番楽や、わらべ歌、昔話などを受け継ぎ活動する人びとの姿をみて、あらためて地域の文化とは、それを大切に思う人の心と不断の努力によって支えられているのだということを、しみじみと教えられた。村の祭りも健在で、けっして見てくれの派手さはないが、地域の絆を確かめる祭り本来の姿があった。

さらには、今ではめずらしくなった盆火が門口で焚かれる家々の盆行事を追いかければ、家族、親族総出の墓参り。そして墓前には手づくりの盆ござがあり、その上に丹誠込めた手料理が供えられていて、伝統の食文化の一端をうかがい知ることができた。今では民俗学の文献の中だけになってしまった年中行事がなお息づく村。日本のふるさとのような村の集まり。それが私の真室川町の印象だった。

なぜ真室川町にはよそでは失われてしまった伝承文化が形骸化することもなく生きているのだろうか。その秘密が知りたくて、足繁くこの町を訪ねることになったわけだが、ある日、私たちも「食の

秋の「刈り上げ」の頃の行事食を持ち寄った真室川町の女性たち

文化祭」をやってみたいが、どうすればよいかと相談を受けた。助言したことは簡単なことだった。あたりまえにふだん食べている食事を一品持ち寄ること。ただし、数を追わぬこと。たくさん並べようとすれば無理がかかる。数をたのみにするのは食文化に非ず。ただ一品に込めた心を味わい、楽しむこと。ただそれだけだった。

そして２００４年10月、心を込めた89点の料理が集まった。アケビの俵詰め、クルミ寒天、タケノコの味噌粕漬、カラドリの酢漬……。山野とともに生きてきた山里の技と知恵が人びとを魅了した。

２か月後、今度は「子どもたちに伝えたい地元の食文化・冬編」が開催された。集まった73品にはメッセージが添えられていた。「山神様のお年越もち」には、「わが家で３００年も前から伝わっているもちです。昔ながらの伝統を子どもにも受け継いでもらいたいです」。「あんジャガ」には「亡くなったおばあちゃんが『子どものころの大ごっつおだった』と言って、ひ孫たちによく食べさせてくれていました」。今は亡き祖母がつくってくれた豆味噌。母が教えてくれた豆ハンバーグ……。

食べものは人の思い出とともにある。買えばつくらずにすむ時代に、畑を耕し種をまき育てて、山に分け入り山菜、きのこを採り、手間ひまかけて食事をつくるのはなにゆえか？　おいしさもあるだろう。しかし、料理を教えてくれた人に思いをはせながら、食べる人の喜ぶ顔を思い浮かべながらつくるのが、料理である。人を大切に思う気持ちが食文化の源泉だからではないのか。

（2）「もてなし」の心をかたちに

秋と冬、2回の「食の文化祭」開催の波紋は集落にも及んだ。真室川町には平枝、八敷代、釜渕の3つの集落に民俗芸能「番楽」が残っている。番楽とは三番叟や翁舞、鳥舞、武士舞、獅子舞などを組み合わせたものをいうが、村をまもってくれる神々への信仰心に支えられ、江戸時代から伝承されてきた。

そのひとつ釜渕集落。「食の文化祭」で発揮された女性たちの食の力と民俗芸能の番楽を融合させて、わが集落をもっとまとまりのある、もっと活気のある町にしたい。番楽も高齢化や後継者不足で演目も減っているが、これを復活させたい。そのために女性の食の力を借りたい。男たちの思いに釜渕の女たちが応えた。老若30人を超す集落の女たちが、そば寿司、笹寿司、ウドの信田巻、鮎と寒ざっこの田楽、トビタケの味噌炒りなど50種の手料理を持ち寄って、釜渕の「もてなし」の心をかたちにするべく話し合った。

積雪１ｍを超す２００５年2月5日、食と伝統芸能のコラボレーション「釜渕行灯《あんどん》番楽」が開かれた。村のみんなで冬を楽しむ場をつくりたかった。会場前にはかがり火がたかれ、室内には昔をしのばせる行灯のあかりがまたたいた。やがてこれをきっかけに集落外とも交流しようというので、地区外へも30名に限って参加を呼びかけた。会費は２０００円。番楽と食の祭りを思いっきり堪能する、冬の新しい祭り。会場は入りきれないほどの人であふれた。

おとなの番楽が舞われた。子ども番楽の斎藤君の舞に大きな拍手がおこった。大皿には色とりどりのごちそうが並んだ。次々に村の芸達者たちの歌と踊りが披露された。かけ声が飛び交い、笑いが渦巻いた。みんなの力を持ち寄れば「今までにない、どこにも負けない盛り上がりだった」と語る80歳のおばあさんの言葉が、参加者の気持ちを代弁していた。

伝統芸能と食のコラボレーション、釜渕地区の行灯番楽

（3）「食べ事会」が始まった

釜渕行灯番楽大成功の話題はほかの集落にも広がっていった。そして、それまでは裏方で支えていた行政が、本格的に動き始めた。地域に内在する食の力を、たんに展示、試食するだけに終わらせてはならない。各集落にあるさまざまな食資源をもう一度とらえ直して、これをどう生かしていくかを地域の人びとと一緒に考えて行動しよう。いわば、食から始める新しい地域づくり。

これまでわが町は食の生産すなわち農林業の振興はやっても、それを加工料理にまで展開する政策は弱かった。第一次産業から第三次産業まで連携連関させながら地域産業をとらえ直すきっかけにしたい。その原点は家庭内の食にあるのではないか。自給の畑や山の恵みで素材を生産し（第一次）、それを加工・保存・調理し（第二次）、家族が喜ぶ演出や心遣いを工夫して食事を楽しむ（第三次）。家庭の食卓は生産から消費までの、小さいけれども総合である。それにわが町の先人たちが風土の特色を生かし、知恵と工夫で積み上げ、伝承してきた歴史と文化の結晶である郷土食や行事食。それらをもう一度ていねいにたどっていけば、オリジナルな何かが生まれるかもしれない。

かくして、真室川町の行事食をつくり、味わい、考え、生かす「食《た》べ事《ごと》会」が始まった。第1回は２００５年6月。ところはわらべ歌の里、安楽城地区。テーマは「さなぶりのころの食事」。朝9時ごろ、20名ほどの女性たちが準備をしていた。まずは「朴葉飯」。田植えのときの携行食である。ホウ葉にきな粉を敷き、おむすびをむすんでのせ、さらにその上にきな粉をかけてホウ葉で包む。ホウの葉の香りが移って、あぜに腰かけて食べる朴葉飯はおいしくてなつかしい。ホウ葉は料理の仕切り、もちなどの供物をのせたりと、用途が広い。

さなぶりの思い出はたくさんある。話が次々に飛び出す。機械のない時代の田植えは重労働で、集落共同で結いで行ない、それでも1か月はかかったという。田植えが終わるとごちそうが出る。これを真室川では「よでな」という。手伝ってくれた人びとには「よでなもち」をみやげにもたせた。昔は30軒くらいに配ったため、量も多く、朝からずっともち搗きをしていたという。ホウの葉はこの季節にもっとも緑があざやかになり、薬効も高くなるせいか、田の神様のお供え、吊るしもの、引き出物などに大活躍。あらためて自然が与えてくれた貴重な器であると知る。

準備されたさなぶりの料理は次のとおり。

――あんこもち、納豆もち、くるみもち、きな粉もち、煮物、漬物、川魚、クジラだし汁、豆とニンジンの酢の物、ミズのたたき、ワラビの一本漬、ウド、笹巻き、朴葉飯、フキ菓子、あられ、よもぎまんじゅう、フルーツ寒天。そしてもちろんどぶろくも。

ふと見ると、誰がもってきたのだろうか、不思議な漆塗りの器がある。聞けば「こぶ盃」だという。真室川は林業の町でもある。製材工場が12社、チップ工場が1社あることをみても、農とともに山に生きてきた町だということがわかる。樹齢３００年以上の杉、幹まわり13～14mの大桂などの巨木。歴史民俗資料館の展示物はさながら山の暮らしの道具館。山とともに、木とともに生きてきた人びとがいつの頃からか使うようになったのだろうか、木の瘤をくり抜いて盃にした。この盃は飲み干すまでは膳に戻せない。酒がこぼれてしまう。だから別名「置かずの盃」。女性たちが口々に、嫁いだ日にこの盃の洗礼を受けたこと、なんと乱暴なところだろうと度肝を抜かれたと話す。「でも、それがこの土地のもてなしの気持ちかもしれない」と、なつかしく語る。

「もてなし」と聞いて思い当たることがある。

あれは１９９７年、真室川町の隣、金山町の「谷口がっこそば」でのことだった。ここは閉校になった分校で集落の女性たちがそば屋を開業して、今や大人気、年間2万人の客と２０００万円の売上げを誇る。この分校をどう生かすかという相談を受けて、1年ほどささやかな手伝いをした。この「がっこそば」を契機に、今までソバ栽培のなかった金山町に80町歩のソバ畑が広がり、製粉所までもつようになった。いわば廃校活用のそば屋が農業振興に寄与したのである。

木の瘤をくり抜いてつくった「置かずの盃」

その「がっこそば」のリーダー、加藤トキ子さんのふるさとは隣町、真室川。加藤さんは、そば屋を運営していく心を、山里の村人のもてなしの心をうたった故郷の民謡「あがらしゃれ」に託して唄ってくれた。

たんとのんでくろ

「谷口がっこそば」のスタッフ。中央が加藤トキ子さん

何ないたても
わしの気持ちが
酒　さかな

胸の奥まで、しみじみと沁みる唄だった。一に人情、二に自然。モノではない、人の情けが一番のもてなし、ごちそうである。

それから9年、加藤トキ子さんの故郷、真室川町の安楽城地区で、さなぶりの食べ事会で、この村に嫁いできた女性たちから「あがらしゃれ」の歌を聞いたのである。なんとも不思議な縁である。そして私の目の前には「あがらしゃれ」の心をかたちにしたかのような「置かずの盃」がある。そんなてん末を女性たちに話しながら「もしかしたらこれが真室川のあがらしゃれの昔の器かもしれませんね」と言ったら、多くの女性たちがうなずいてくれた。

（4）「あがらしゃれ」の器をつくる

ちなみに「あがらしゃれ」とは最上地方で「どうぞ召し上がれ」と「どうぞ私の家に上がって下さい」との二重の意味が込められた方言である。「あがらしゃれ」と丹精こめてつくってくれたさなぶりの料理。それは、どのひとつをとってもよい味だった。そして女性たちは、この料理をもっとすばらしいものにするために、私たちの「あがらしゃれ」の器がほしいと言った。なんとかその思いをかなえてあげたい。これだけの食材と知恵と技をもちながら、さらにこれらをもっとよいもてなしのかたちに高めたいと言う。

それに応えられるのはあの人しかおるまい。いや、あの人ならきっと、真室川のみんなの力を引き出して、地域のための、地域の人による食と器の融合を果たしてくれるにちがいない。

――その人の名は前にも述べた時松辰夫。九州湯布院の木工ロクロの名手である。20年ほど前からおつきあいいただいている。十数年前には宮城県唐桑町で1年間、「木の学校・食の学校」を一緒にやった。まったくの素人をここまで育て上げるものかと、その指導力に舌を巻いた。何よりも木に寄せる思い、地域振興にかける情熱。木の工芸で知られる岩手県大野村は、若き日の時松氏が現地に2年間住み込んで教えたことによって今日があるといっても過言ではない。北海道置戸、島根県の匹見。今日の木工ロクロ工芸は時松さんがいて初めて成り立った。そしてその後も現地への定期巡回指導を続けている。

時松さんしかおるまいと思ったのには、もうひとつ理由がある。真室川町には「うるしセンター」という町の施設がある。そして28年前から植えてきた20ha、2万５０００本の漆の木がある。だが中国産の安い漆と、漆器産地間の激しい競合で、新参者の真室川漆器は苦戦を強いられていた。

苦戦の要因はそれだけではない。木地加工の立派な施設をもちながら、数年前からそれが稼働していないこと。いくらよい漆と塗り師がいても、人がほしがる器のかたちがなければ漆器はたんなる高級品として遠ざけられてしまう。漆は英語でジャパンと呼ばれるごとく、日本の生活になくてはならないものだった。もっと多様な可能性をもっているものだった。それが暮らしと離れてしまった。もう一度、日本人、いや真室川の人びとの暮らしに近いものにできないか。同じように真室川にはたくさんの樹種をもつ山がある。これも人の暮らしから遠ざかっている。豊かな木材資源を活用することは、林業振興にとっても重要なテーマである。よい指導者さえいれば、きっと真室川の漆も木もよみがえる。展望が開ける。そう思った。

(5)「食べ事」と「うつわ」の融合

１９９０年、私は初めて時松辰夫さんと出会った。東北の風土のかたち、暮らしのかたちをテーマにした「東北学文庫」の取材だった。「工芸による林業の再生」というテーマで話をうかがった。このとき器について時松さんはこう語った。

――器の開発に際しても、私はいつも器をつくるグループと、器を使うグループの研究を一緒に行なって、器と一緒に郷土料理が生まれるようなやり方をしている。なんのために器をつくっているのかといえば、それは食事をするためで、本来、料理が主で器は従だ。おいしい郷土料理を盛りつけるためのいい器をつくりたいし、いい器があれば、それにふさわしい料理を盛りつけたくなる。そのかけ合いのなかで器は郷土の色をもち始めるのではないだろうか。郷土料理は、本来その土地の産物からつくられるものだ。つまりその土地の風土と非常に密接につながっている。長いものを盛るのか、丸いものを盛るのか、熱いものを盛るのか、冷たいものを盛るのか、そしてたくさん盛るのか、少し盛るのか……。そうした風土の反映である郷土料理に応えようと、試行錯誤のなかで器はかたちを変え、やがてその地域固有のかたちに完成されていくのである。いうなれば、その地域らしい暮らしのないところにはその地域らしいかたちはない、ということもできると思う。誰のためにつくるのか、なんのためにつくるのかを問うことが、工芸におけるかたち探しの出発点ではないだろうか。

器を語って、これ以上の言葉はいらない。その時松さんが真室川町にやって来た。老若男女30人ほどが「真室川うつわの会」を結成して、毎月3日間、時松さんの指導を受けた。木工ロクロ班は全員鍛冶を習って、ロクロのかんなをつくりもち、さまざまな木を生かして木の器づくりに余念がない。女性たちは稲わらの縄の器や布の器、さらには梅の枝で箸をつくり、ウグイスの箸置きもよいかたちになってきた。むろんうるしセンターの職員も八面六臂の大活躍である。

真室川の若者にロクロを指導する時松辰夫さん

私はといえば、集落の女性たち20～30人ずつと、「食べ事会」を中心に真室川の郷土料理の発掘を手伝った。

8月には「お盆のころの行事食」。大学生を対象にしたうるしセンター主催の漆のワークショップの若者たちと、食と器のセッションも行なった。「どじょうたたき」という料理が若者に意外と受けたのも発見だった。

10月には「刈り上げのころの行事食」。「うつわの会」から出された木の器に、何をどう盛ろうかと考える女性たちの姿が印象的だった。栗名月、豆名月、芋名月のお供えと料理。お彼岸の入り日、中日、送りのそれぞれの膳の見事さ。そして刈り上げのお供え膳には新しい演出も凝らされていた。回を重ねるたびに、これでもかと出てくる料理の数々。パリの三ツ星レストランや東京の有名レストランなどに行かなくともよい。真室川では、汲めども尽きない女性シェフたちの、心のこもったメニューが堪能できる。「刈り上げのころ」のレストラン（?）では、番楽の競演も披露された。音楽があり、舞があり、笑顔がいっぱいの、こんなレストランがこの世にあるだろうか。そう感じた。

(6) 地域という器

器《うつわ》とは不思議な言葉である。それはたんにものを盛るという意味だけにとどまるものではない。「うつわ」には、才能、力量、人柄、顔だちなど、人間の大きさと可能性を示す方向が内包されていて、奥が深い。時松さんに指導を仰ぎ、町民有志が主体的に器づくりを行なうグループを「うつわの会」と名づけたのは、それが食の器にとどまることなく、やがては生活全体の器、そして地域の器づくりにまで歩をすすめてもらいたいとの思いからである。

また、地域づくりとは、ある意味で地域の器づくりのことではないかと、この十数年、東北の村々をめぐり歩いて思うことがあった。たとえば山あいの十数戸ほどの小さな村に行けば、それがわかる。外から見れば、そこはたんなる過疎の村と片づけられてしまうが、よく見れば家屋敷はもとより、村の小路、小さな木の橋、田や畑、石垣、鳥居、ため池、山や木……。それらは村の器を構成する大切な要素。そのひとつひとつは村人の手でつくられ、修理され、磨かれてきたもの。かつて宮本常一が「自然は寂しい。しかし、人の手が加わると、暖かくなる」と言った、人の手が加わったあたたかき器が村というものだった。それを村は、ただ食料を生産するところだと決めつけたのは誰か?

私の祖父母たちにとって村とは国であり、世界だった。そこをよく生きるために、村をよくする。それが彼らの人生だった。村は人がよりよく人生を生きるためのよい器でありたい。今、真室川町の人びとが試みようとしていることは、食から始まる真室川の器づくりである。

発表会を控えた「真室川の器」

真室川音頭にちなんで梅の徒長枝でつくった箸と「ウグイスの箸置き」

そこを豊かにしたければ、何よりもまず、自分たちの手でつくり上げる。そのあたりまえの場所から始める。食の器はやがて、住み暮らすための部屋や家という器づくりにすすむだろう。そして、一緒に暮らす村や町という地域の器づくりへと発展していくはずである。そして、その整った先から、もう一度「あがらしゃれ」と呼びかけるはずである。

第3章　小さな村から国を問い直す
――「鳴子の米プロジェクト」

1　あきらめてはならないことがあり、失ってはならないものがある

(1) 農家と集落の選別に抗して

この十数年、東北の中山間地の集落を訪ね歩き、そこに暮らす人びとからたくさんのことを教えてもらってきた。農山村の暮らしの基本、自然と生産、生きる哲学、人生の喜怒哀楽、生活の知恵など、ひとつひとつは小さな村だが、そこには汲めども尽きない豊かな物語があふれていた。

しかしながら、これらの村々は一般的に「過疎地」という負の言葉で語られることが多い。所有する土地の大きさやモノの多さを豊かさとみるこの国の風潮は、いつのまにか住む人の数が少ない村を

「貧しい」とさえ決めつけるようになっている。しかし実際に出かけて行って人に会い、話をうかがえば、そうしたとらえ方がいかに表層的な認識であるかを思い知らされる。

たしかに村の人口は減った。高齢化も目立つ。だが、人びとは今日も昨日と変わらずに山野河海、田畑に立ち、汗を流して働いている。土を耕し種をまき、網をつくろい舟を出す。人知れず今日も続けられている静かな営みがあるからこそ、都市に暮らす私たちの明日の食卓がかろうじて成り立っているのではないか。

日本の農山漁村とは何か。それは日本人の大切な食べものをつくり育ててくれる人びとが暮らしているところをさすのではあるまいか。生きるということは何よりもまず、食べることから始まるよ、とでも言うかのように、誰よりも愛情をもって自然に働きかける人が住むところ。それが私の農山漁村像であり、そうした人びとが身近にいることを頼もしく、また誇らしく思う。

ところが、２００７年春、そんな人びとを悩ませ不安にさせる動きがあった。相変わらず大規模化と効率化へとひた走る日本農政が「戦後農政の大転換」だと大みえを切って打ち出した「品目横断的経営安定対策」という新政策。中身はいかにと問えば、なんのことはない、長年性懲りもなく推し進めてきた農地と農業の規模拡大という従来の政策の亜流にほかならないが、今度は農地の大小で農家と集落を選別しようとした。

すなわち、これからの国の助成支援は４ha以上の耕地をもつ認定農業者か、さもなくば20ha以上の農地をまとめた集落営農組織以外は、一切対象としないというのである。そしてこの要件を満たした経営体だけが農業の「担い手」であるとして、その他は農業者に非ずとでもいうかのように政策の対象から外した。いかに農業状勢きびしく、また財政が逼迫しているからといって、企業もどきの乱暴なリストラ策、いや過酷な農家選別をするものだとあきれてしまった。

しかし迷惑なのは政策対象外に追いやられた中山間地の小農たちである。

「たとえ小さな農地でも耕す人はすべて農民だよ。現場で汗する人間を支援するのが農政というものではないのか」

そんな声は当然ながら霞が関には届かない。耕す人びとに向かい合わず、保身に汲々として机上で数字をこねくりまわし、それを現場に押しつける農政。その距離の遠さに思わずため息がでる。

私が通う中山間地の村は集落全部の農地をかき集めても20haにならない村がほとんどである。「品目横断」といっても、テンサイやデンプン用ジャガイモは北海道だけの話。雪が深くて麦がつくれないところも多く、あえてつくればせいぜい大豆ぐらいか。「まったく話にならないよ」と農政転換への不満がくすぶる。しかし一方で、支援を失ってどんな農業をしていけばよいのかと不安も隠しきれない。

政策転換で少しくゆれる中山間地の友人たちの姿をみていて、私自身も霞が関の役人たちに問うてみたくなった。新聞、雑誌にいくつかの文章を書き、テレビ、ラジオで発言し、問うてはみたのだが、何ひとつ答えは返ってこなかった。

問うたのは3項目。ひとつはこの政策にのった4ha以上の認定農業者にどんな生活と生産の展望がひらけるのか教えてほしい。１haの田んぼで米をつくっても、米価の低落で手取り37万円にもならない現状のなかで、どれほど規模を拡大すればメシが食えるというのか。

同様に集落営農についても問うてみた。規模も地形も地質も水利条件も異なる農地を無理やり集めて、年齢も営農計画も異なる多様な考えの農業者を、それでもなんとか20haでまとめたとして、村にどんな未来像が描けるというのか。少しずつ積み上げた村づくりの成果を壊してしまうことにならないのか。

そして3番目に問うてみたのは、東北の農業者の半数を超える「担い手」になれない小農への対応と、その人びとが暮らす村をどうするのか。村はたんなる食料生産の場ではない。自給を基本に支え合う、暮らしの共同体である。そこに企業的経営体の論理を持ち込めば、村はさらに崩れてしまう。そもそもこの政策の目標である食料の自給率は20万人の認定農業者と、無理やりつくった集落営農で本当に向上するのか。もしそれに失敗したら誰がどのように責任をとるのか、等々。

問うたことは山のようにあったが、何ひとつ答えは返ってこなかった。問いつめても問いつめても無反応、無表情な役人の顔。なんともいらだたしく割り切れない1年だった。

しかしわかったこともいくつかある。要するに税による公的支援の限界と正体がみえたこと。農業の現場を知らず忖度せず、数字だけに追われて机上でつくられる施策では、食料も農業も農村も少しもよくはならないのだということ。国が村や農業者に求めているものは食料の生産性だけだということ。それだけはわかった。それに応えるかどうかは、もはやそれぞれの判断である。国の支援助成にのって認定農業者の道を行くもよし、集落営農に活路を見いだすもよし、である。

しかし耕す農地が小さいからといって選別され切り捨てられた小農と、その人びとが暮らす村をどうするのかの問題は残っている。もし万が一、今回の農政転換によって農業への意欲を失ったとしたら、困るのは、本当は都市に暮らす私たち自身なのではないか。たしかに余裕を失った日本農政は勝手な理由とモノサシで多くの農家を切り捨ててしまったが、その人びとを失うということは、私たちの明日の食を失うことにほかならない。もはや国家に食料の自給率向上はおろか、食の未来を託すことができなくなった現在、それでも私たちは食べなければ生きていけないのである。

(2) グローバリズムへの対抗網
——CSA、スローフード、身土不二、地産地消

この世にはあきらめてはならないことがあり、失ってはならないことがある。ソクラテスは「国家にとって一番大切なことは何か?」と弟子たちに問われ、「あらゆる必要の中で、最初の、そして最大のものは、生命と生存のための食料の供給である」と答えたという（『国家』）。あきらめてはなら

ないこと、失ってはならないものとは、その「生命と生存のための食料」と、それをつくり育ててくれる人びとの存在である。すでに世界では、経済力をつけた13億の胃袋をもつ中国、11億の胃袋をもつインド、そしてロシアなどとの食料争奪戦に突入した。いつまでも食料の60%を海外に依存できるという保証は失われつつある。食料危機は静かに始まっているのである。

こうした現状をふまえて、私たちにできることはなんだろうか。ただ配給される食料を、食器をかかえて立ち並ぶだけの存在を超えて、食と農に積極的にコミットすることはできるだろうか。農政の転換に抵抗しうる私たちの意識の改革が問われているのではあるまいか。

食料を国際戦略物資と位置づけ、日本のみならず世界を支配しようとする食料輸出大国アメリカ。そのアメリカで近年、ＣＳＡという運動が盛んになってきたという。ＣＳＡとは、Community Supported Agricultureの略で、「地域が支える農業」といえばよいだろうか。ＣＳＡ運動は、地域の家族農業を応援し、農村環境を保全しながら地域社会を維持しようとする運動である。それぞれの地域ごとに消費者と農家が結びつき、農作業の作付け前に1年分の農作物を前払いで購入するなどの活動を行なっている。

グローバル化で歪んでしまった食と環境とコミュニティを健全なものに回復させようと始まったＣＳＡ運動は、質の高い食材を提供してくれる小農を守ろうと始まったイタリアのスローフード運動や韓国の身土不二運動、日本の地産地消運動とも共通するものがあり、アメリカ北部を中心に、すでに２０００以上の地域で取り組まれているという。

あのグローバルスタンダードの国、アメリカで地域が支える農業への模索が始まっている。なんとも不思議な、しかし頼もしい動きであるが、本来食はその土地の自然風土とともにあるものである。すなわちローカルスタンダードが食の基本であった。しかし日本も世界も食の商品化と効率化の流れにまき込まれ、均質で画一的なものに変化してしまった。それを取り戻す動きが世界各地で始まったのである。

農政の大転換によって、さらに画一化や効率化や商品化が加速されようとしている現在、私たちの食と農もまた、国とは反対に、ローカルスタンダード、すなわち食と農のあたりまえの場所に帰るべきではなかろうか。その試みのひとつが始まった。

(3) 小さな村から「地域が支える農業」へのチャレンジ

東北有数の温泉地として知られる宮城県鳴子町。合併して大崎市となったが、この町には今でも６２０戸の農家がある。

耕地率3.6%の山間の地なれば、林業空しく、農業は畜産と米が中心。しかし標高が高く、雪は深く、夏も気温が低く、山に囲まれて日照時間も短い。そんな条件不利地域でも、なんとか農業で生きたいと原野を拓き牛を飼い、田んぼを拓いて、ようやくにして米づくりが始まったのが１９６５年頃。そんな開拓の地も少なくないが、開田と同時に始まった減反政策。

それでも懸命に米づくりをしてきたが、日本の多くの中山間地がそうであるように、鳴子町でもこの約10年、農業、とりわけ水田農業が衰退してきた。１９９５年に６４３haあった水稲作は、面積は２００５年４４４haへと31％も減少し、耕作放棄は21haから94haへと4.5倍にも増加した。米価の底なしの低落にあきらめたのだろうか、農家戸数も７３８戸から６２０戸へと、10年間で１１８戸が離農した。

そこに追い打ちをかけるように始まった「品目横断的経営安定対策」という迷走台風。種をまき食を得る土地はすべて大切な農地であるはずなのに、農地の大小をモノサシにした非情な人の選別がまかり通る。

かつて農村歩きの道すがら、ある老農から「俺も同じ思いだよ」と示された農民の俳句を思い出す。

田植機を買ふ決心をして淋し　水谷繁之

田植機が古くなり修理しても動かなくなったのだろうか。これを機会に米づくりをやめてしまおうか。迷いに迷い、ようやくにして決心をしてみたが、なぜか心は少しも喜ばない。米価低落止まらず、やればやるだけ赤字が増える。しかし米は命の糧、田んぼを荒らしておくのはしのびない。だが、この年になって、あと何年田植えができるのだろうか。米をつくり続ける決心をして「淋し」と言わざるをえない日本の老農たち。鳴子町山間の村にも、ゆらぎ、まどい、悩みつつ、なお土の上に立つ食と農の担い手がいる。

統計書によれば２００９年現在、日本の農業就業者数は２８９万人。そのうち70歳以上が１３９万人。じつに48％を占めている。老農たちが山間地の田んぼでつぶやいている。「俺たち昭和ひとけた世代がいなくなったら、いったい誰がこの国の食料をまかなうのだろうか」と。私には、この老農のつぶやきが静かな食料危機への足音のように聞こえる。

老農たちのつぶやきをたんなる嘆きと聞き流さず、それを自分たちが暮らす地域の危機だと正面から受け止める人びとがいる。「鳴子の米プロジェクト」のメンバーたちである。国が国民食料の確保を大義に農家を選別し、食料というモノにしか関心を示さないのであれば、「鳴子の米プロジェクト」は、食を育てる農家と村の暮らしに寄り添い、人の心に呼びかけて食と農をしっかりとつないでいきたい。すなわち、「地域が支える農業」へのチャレンジが始まったのである。

「鳴子の米プロジェクト」は呼びかける。

――決して恵まれた条件ではない山間地で、人びとは農業を続け、一生懸命米づくりをしてきました。その努力によって豊かな自然環境が守られ、美しい景観が維持されてきました。しかしここにきて、鳴子の山間地農業はますます厳しい環境になっています。農業を続けていく展望を開くために、命を育み、人を結び、生業をつないできた「農」の重さ、「食」の価値をもう一度見直すことが必要になっています。そして、農と食を基本に据えた鳴子の新しい魅力をつくることにより、多くの人の力が結び合い、支えていく仕組みを実現していきたいと考えます（「プロジェクトの目的」『鳴子の米プロジェクト報告書』より）。

「鳴子の米プロジェクト」は、国が切り捨てようとしている山間地農業を村の力、地域の力、人の力で支えるプロジェクトである。そのためにまず農業の基本である米をもう一度見直したい。情報に操作されやすい消費者に左右される商品化された米ではなく、人の命をつなぐ米として、ていねいにとらえ直したい。食味計を片手に魚沼産が最高だともちあげる歪んだ商業主義には距離をおきたい。うまい、まずいを言う前に、それをつくり育てた人のことをまず思い浮かべたい。もしおいしくないと感じたら、別の米に乗りかえる前に、なぜおいしくなかったかを考えてみる。すべては自然が決めてくれるのが農業。光、水、風、土などのさまざまな自然条件の上に立ち、懸命に頑張るのが農業。人がどう頑張ってもうまくいかないときがある。それが農業。人の力の大切さと無力さを一番知っているのが農家。その農家の声にまず耳を傾けてみる。

プロジェクトのメッセージは続けてこう呼びかける。

――このプロジェクトの名前を「鳴子の米プロジェクト」としました。「鳴子の米」とは主に鳴子の山間地で作られる米の総称です。そして「東北１８１号」（宮城県奨励品種決定調査に基づき試験中の米）を、このプロジェクトのシンボルとしました。東北１８１号は山間地の作付けに適した米（耐冷性に優れ、いもち病に強く、低アミロースで冷めてもおいしい特性があります）です。平成18年度は宮城県奨励品種決定調査の一環で、鳴子でもっとも上流に位置する鬼首《おにこうべ》地区の中川原《なかがわら》、寒湯《ぬるゆ》、岩《が》入《にゅう》の実験圃場で合わせて30ａを栽培し、19俵のおいしいお米ができました。この米を山間地で作ってもらうために、それを支えていく仕組みをつくります。「鳴子の米」の価値を高めながら、作る人と食べる人との信頼関係を大切に培っていくことが大切です。そして、食と農を中心にして様々な鳴子の資源を結び合わせながら鳴子の新しい魅力をつくります。たとえばロクロや漆という伝統の技で器をつくり、それと鳴子の食の融合をはかり、地域に「小さな仕事」をたくさんつくります。それらを通じて「鳴子の米」の食文化を地域にひろげていきます。また温泉の町鳴子は近郷近在の農家の湯治で栄えてきた歴史があります。もう一度、農業、農村との結びつきを取り戻し、食と農を基本にした

鳴子の米プロジェクトの米は、杭がけの天日乾燥

鳴子温泉の「もてなしのかたち」「湯治のかたち」をつくりあげていきます（同「プロジェクトがめざすこと」より）。

（4）農家への米づくりの安心安定の約束を

すでに鳴子の米は、たんなる米ではなくなりつつある。米をめぐる地域の文化と歴史、米にまつわる人びとの喜怒哀楽を掘り起こし、あらためて深く問い直すことで、もう一度、わが町、わが村、わが暮らし、そして地域のありようを考える米になる。それが「鳴子の米プロジェクト」がめざすものである。

さまざまな実践が行なわれた。「鳴子の米」の応援団ネットワークづくり。旅館と連携したお米の提供の仕方や販売ルートの開発。職人たちと協力してつくる「鳴子の器」づくり。「冷めてもおいしい」という米の特性を生かした「鳴子のおむすび」開発や試食会。米粉やくず米を活用したお菓子、パン、酒の試作と発表。毎月1回全戸に配布される「鳴子の米通信」の発行。「鳴子の米」のブックレット編集。「鳴子の食と暮らし」をテーマにした食のカレンダーづくり。

農家の人にも安心して米づくりをしてもらうために、現状の1俵1万3０００円の米価を、農家手取り1俵1万8０００円を保証し、この価格は5年間継続する。食の安全安心を消費者が望むなら、農家に米づくりの安心安定を約束しなければよい米づくりはできない。そしてやがて２０１０年には１００haの田んぼに鳴子の米が植えつけられることになる。およそ７０００人分の米である。人口8

４００人の町民のすべてをまかなうにはまだ足りない。月に１、２回開かれている「鳴子の米」の勉強会や試食会に参加している農家の人びとから、こんな冗談話も飛び出すようになってきた。

「このままいけば鳴子の田んぼが足りなくなるな。昔のように原野を起こして新田開発をしなくてはなんねえな」

冷めてもおいしい「鳴子のおむすび」試食会

かつて１９６５年ごろ、旅する民俗学者、宮本常一は、村を離れて都市へと流出していく村人の後ろ姿を見送りながら、次第に荒れていく自然をながめながらこう言った。

自然は寂しい。
しかし、
人の手が加わると暖かくなる。
その暖かなものを求めて
歩いてみよう。

寂しいのは自然ばかりではなかった。日本人のもっとも大切な食べものである「米」も長い間寂しかった。だが鳴子町には暖かなものを求める人がいた。国をあてにせず、食べる人とつくる人が、その思いと持てる力を出し合いながら、みんなで育てる「鳴子の米」。米は自然の力が育てるが、それをおいしくするのは人の力と暖かい心である。鳴子の米は暖かい。だから冷めてもおいしいのである。

2　国家のために米はつくらず、食の未来を国にゆだねず

(1)　無念の慰霊碑・岩手県山田町

「なぜ東北の人びとは、風土に逆らってまで南方系の稲をつくり続けてきたのか。それが『この地の苦の種』になり、もうひとつの東北の可能性を封じ込めてしまったのではないか——」(『北のまほろば』)。悲しいことに司馬遼太郎氏までが、東北の遅れの原因を風土に合わぬ米づくりの歴史に押しつけている。おそらくは青森県三内丸山遺跡に代表される縄文期の豊かさを強調するあまりの発言だろうが、しかし、この物言い、私などには所詮、都市の風しか知らない路傍の人の意見のように感じる。

たしかにブナの森を背景にした東北の自然は豊かで、縄文期を支えた山菜、木の実、きのこ、魚介類などの食資源は今なお多彩である。しかしそれは中軸に米がしっかりと安定しているからこそ言えることで、その中心を失わないために東北の人びとは心血を注いできたのではなかったのか。東北の村々を訪ね歩いてきてあらためて思い知らされたのは、東北の人びとの愚直とも思えるほどの米づく

りへの執念である。今日すでに米価は生産コストを割っているというのに、それでもなお、けっしてやめようとはしない。すべてを金のモノサシでしか判断できなくなった人びとには理解できまいが、そこには経済合理性を超えた、いわば生きる希望としての米、という東北の米づくりの原点があるように私などには思われる。

その一例を、十数年前に出会った岩手県山田町荒川集落の田んぼが教えてくれる。現在は１００haの水田をもつこの村には、戦前までは１枚の田んぼもなかった。今日、健康食として注目されているアワ・ヒエ・キビなどの雑穀中心の食事は、それだけが日々の糧であってみれば、暮らしは思いのほかきびしいものである。

「荒川農民宿命の困窮を救う途は開田の外なし」と始まった鍬一本による開田事業は困難を極めたが、艱難辛苦の15年の歳月を経て、１９４８年、ついに完成をみた。ようやくにして手にした悲願の白い米。しかし、その喜びの味をすべての村人が味わえたわけではなかった。荒川集落へと向かう道すがらに、夏草におおわれて一基の小さな碑がひっそりと立っている。これは緑の水田を夢みて、不毛の大地に鍬をふるい汗を流しながら、志半ばにして戦場にかり出され、ついに故郷の白い実りのひと粒も味わうことなく、レイテ、ラバウル、ニューギニア、旧満州などの異国の地で散っていった村の若者７人の慰霊碑である。

むろん荒川集落に限ったことではない。私が訪ね歩いた東北の村々には、無念の思いを忘れないたくさんの石碑が立っていた。東北の田んぼは、初めから水田であったわけではない。４割を超える減反を強いられながら、米価の低落に心を屈しながらも、なお米づくりをやめないのは、その田の重みと米に対する思いを受けとめる村人が生きているからである。

東北の可能性を弥生の米の延長にではなく、縄文の豊かさに求めようとする言説が相変わらずくり返されている。むろんロマンとしての縄文を讃美するのは自由だが、食が不足する縄文の冬のきびしさと不安を忘れるべきではない。私も東北の山間の寒村に育ち、冬に備えるために祖父母たちがどれほどに切ない思いをしていたかを忘れることができないでいる。

後から来た者の安易な妄想を人の暮らしの現場に押しつけるべきではない。東北の歴史から田んぼにかけた人びとの思いと営みを除いたら、いったいどんな民の歴史が語れるというのか。ようやくにして田を拓き、初めて定住できることの安心を得た村人の喜び。冬を越す、希望の米を得て村々の歴史は始まったのではなかったか。

その田んぼに秘められた東北の心をこそ受けとめるべきではあるまいか。

(2) Mさんの田んぼ

岩手荒川集落の無念の碑に出会う数年前、もうひとつの希望の田んぼに出会った。すでに廃村になって久しい山形のわが故郷の村から、さらに峠を越えたあたりの蒼林のかげに、ひっそりとその田はあった。全部合わせても1反歩に満たない14枚の小さな田。ひとつとして同じかたちはない。人里離れた山奥で初めてこの田を見たときは、人間とはこんなところまでも水田を拓いたのかと胸をつかれた。とりわけ畳1枚ほどもない2つの丸い田んぼ。ひい、ふうと苗を数えて65株。どれほどの米粒が実るのか。

低落止まらぬ米価、展望ひとつ示せぬ農政。もしかしたらあの田んぼ、今年はやめてしまっているのではあるまいか。そんな妄想抑え難く、おそるおそる毎年、山の田んぼを訪ね、植えられている緑の苗のあざやかさ、けなげに育つたくましさに、何度も胸をなでおろしてきた。そして10年前、初めてこの田の主である、当時75歳のMさんに会った。「あの田は３００年も前に私の祖先が拓いたもの。高地ゆえに水が冷たく、収量は平場の半分ほどですが、なんとか家族の食はまかなえました。今どき、米は買ったほうが安いのに懲りずにまだつくっています。年寄りの冷や水ですな」と穏やかに笑いながら、「それでも、あの丸い小さな田んぼから5合の米がとれます。私の家族の1日分です」と、まっすぐに顔をあげた。そのときの凛とした表情、今なお忘れ難い。

この山の小さな丸い田んぼに励まされ、やがて私もささやかな米づくりをするようになったが、雑事にかまけて2年間、Mさんの田んぼから遠ざかっていた。きっと今年も元気にMさんは、あの山の田んぼで米づくりを続けているだろうと、勝手に思っていた。胸さわぎ、というほどではないが何故か落ちつかなくて、2年ぶりに雨のさ中に息子の車に乗せられて、山の田んぼを訪れた。——あの、よく手入れされたMさんの田んぼ。しかし、今年はそこには苗のかわりに雑草が生い繁っていた。年甲斐もなくその田の姿を見て、うろたえてしまった。いつも穏やかで、そして凛としたMさんの顔が何度も浮かんでは消えた。３００年続いた山の田んぼが消えてしまった。今でもその無残な姿を思い

300年続いたＭさんの山の田んぼ

出すと心が乱れてしまう。思えばＭさんは82歳――ギリギリまで米をつくり続けて、倒れたのか。思い乱れてうろたえる私を見かねてか、同行した息子が「宮本さんの言うとおりだね」とポツリとつぶやいた。２００７年、雨の6月のふるさとの山近くで、私も、こらえ切れないほどに「自然は寂しい」と感じた。

（3）選別されるべきは誰か

旧鳴子町鬼首地区。ここに12軒の戦後開拓集落、大森平がある。標高５００ｍ、ひと山越せば秋田県。むろん雪は深く、寒さは厳しい。

１９４５年の日本。誰もが飢えていた。敗戦による失業者は１３００万人を超え、国民食料は逼迫していた。その食料と生活の場を確保するために戦後開拓が始まった。当時東北は全国開拓可能面積の４割が見込める地域とみなされ、北海道と

2007年6月、Mさんの山の田んぼが消えていた

ともに戦後開拓の中心地だった。鳴子町鬼首、大森平もそのひとつで、もとは杉の植林地。この場所で、１丁の斧、１本の鍬による開墾作業が始まった。巨木を倒し、その根を抜いてカヤ原を焼き払い、家族全員が力を合わせても、１日に３坪を拓くのが精一杯。それを雨風休まずに働いて、１０００日かけて１町歩。３０００日かけて３町歩の農地が切り拓かれた。アワ、ヒエ、ソバ、ダイコン。むろんぜいたくは言えないが米が食べたい。村人みんなの願いだった。畑地を田につくり直し、そのかたわらには村人総出で岩をうがってトンネルを掘り、遠い沢から水を引いて水田にした。１９５８年のことである。かさむ膨大な借金を背負いながらの開田作業。その借金返済が終わったのは、入植以来50年の歳月を経た、１９９１年のことだったという。

　私は東北の村々を訪ね歩き、たくさんの開拓集落で話を聞かせてもらった。しかし人びとは、この労苦、どうせお前にはわかるまい、とでも言うかのように、みな寡黙だった。だが、その節くれだった手、きしませて曲がった背骨、刻まれた深いしわが、今ある田んぼは初めから田んぼであったわけではないと無言で語りかけていた。そして誰もが「米をつくることが生きる希望だった」と静かにふり返った。

　東北の歴史、それは土地に刻まれた歴史である。田んぼと米に希望を託した歴史である。だから私は、こうした労苦を一顧だにせず、市場の米余りを理由に、農地の大小をモノサシに農地と農民を選別する「戦後農政の大転換」なる政策を許容することができなかった。農政とは何か？　それは農にいそしむ人びとを支援するためにその存在が許されるのであって、農政の保身のために小手先の空論を農民に押しつけてはならないのである。農政ばかりではない。飽食の世に、身も心もボケてしまった消費者が、食味重視の商業主義にからめとられて、食べたこともない魚沼産コシヒカリをナンバーワンだと口をそろえるいいかげんさ。食べているのか洗脳されているのか、にわかグルメが跋扈する消費天国ニッポン。それをタテに「消費者重視」と追従する農政。米や食料は、誰が、どこで、どんな思いで育てているのか。

　大森平と同じ鬼首地区で長年米をつくり続けてきた曽根清さんが、唇をかみしめながら言う。

「あんな山奥の、水の冷たい鬼首で米をつくっても、どうせうまい米などつくれるはずがない――俺たちは、ずーっとそう言われ続けてきた」

　そして近年は「この米余りの世の中に、こんなところで米をつくること自体が間違いだ」と、農業関係者からも言われるようになったという。そのたびに殴り飛ばしたい気持ちを必死でおさえて、毎年、歯をくいしばってよい米をつくろうと頑張ってきた。

私は曽根さんの無念を想う。そして東北の各地には、たくさんの曽根さんたちが、その口惜しさを心におさめて、今年も米づくりに精出している。そして無数の大森平のような村々があり、そこには山の田んぼを生きてきたMさんのようなギリギリまでの農の営みがある。それらのすべてを、今、商品経済にどっぷりとひたり、モノとカネしか見えなくなった官僚や学者や消費主義者たちの合作による空虚な政策が押しつぶそうとしていた。現在残る６２０戸の農家のうち、新政策の対象になる農家は、わずかに5戸のみ。中山間地の農業、農村は、もはや無用の存在とでもいうのだろうか。

鳴子町鬼首で歯を食いしばり、米をつくり続けてきた曽根清さん

鳴子町鬼首の山を降りて平場の水田地帯を訪ねて行けば、栗駒山に向かう道路沿いに米の消費拡大をアピールする1枚の看板が立っている。若き農業後継者たちとおだてられた青年たちが、いくばくかの補助金をもとに設置した看板だろうか。その表側には「21世紀も栗駒米で、おいしい笑顔」と書かれている。田園地帯によく見受けられる、ありふれた七五調のスローガンであるが、しかし、立ち止まってその後ろにまわれば、看板の裏にはこんな落首が書かれている。

――農家崩れたっていいさ、国家共々

表顔では一応農政に合わせながら、その本音の心は、もはやその無策ぶりには愛想が尽きた。お前たちによって、米も農業も農村も、俺たちの未来さえも封じられてしまった。政治と農政の貧困という人災によって崩壊にまで追い込まれてしまった若き農業者たちの、やり切れないデスペレートな心情が伝わってくる。私には、さんざん失敗をくり返してきた大規模農政にどんな展望があるというのか、耕す農地の大小で農家を選別し、大規模農家を「農業の担い手」として囲い込もうとしているようだが、もうお前たちと一緒に崩壊の道を歩むのはゴメンだ。選別されるべきはむしろ、無能な「農政の担い手」である、汝自身ではないのか――と読める。

もはや国家のためには、米をつくらず。国に食の未来をゆだねない、もうひとつの道を切り拓くしかないのではないだろうか。国は滅びてもかまわぬが、生きるための食を支える農業が滅びては困るのである。

私は、こうした「生きる希望の米づくり」をゆさぶられ、あきらめかけている人びとを思い浮かべながら、不遜を顧みず、鳴子町の人びとにこう呼びかけざるをえなかった。

――この世には、あきらめてはならないことがあり、失ってはならないものがあります。「生命と生存のための食料」と、それを育ててくれる人びとと、大切な農地の存在です。そして、その中心はお米です。お米が村をつくりました。お米が国をつくりました。お米が私たちの文化を育てました。お米とともに家族の暮らしと歴史がありました。そのお米を失うことは、私たちのもっとも大切なものを失うことにならないでしょうか。すでに静かに食料危機がせまっています。もう一度、食のつくり手と食べ手が直接向かい合い、互いに支え合って、食べる大切と、つくる安心を築きあげる、もうひとつの道を切り拓いていきましょう。

今にして思えばこの一文、鳴子町や東北農山村の人びとに向けてのものではなかったことに気づかされる。それは口舌の徒であることを離れ、のんきな消費者であることを脱し、たとえささやかなものであれ、米と食べものへの、ひとりの当事者になることへの、私自身に向けての問いかけであったと知る。

(4) 私の米、私のごはん、私の田んぼ

米をわが手に！　ごはんをわが手で！　地域の食と農は、地域のみんなで支えよう！　と呼びかけ

た「鳴子の米プロジェクト」。それは予想をはるかに超える反響と、多くの人びとの力が集まった。

まだまだ人びとは米をあきらめてはいなかった。いや、地域の食と農をあきらめてはいなかった。

鬼首の3軒の農家が、水の冷たい田んぼで東北１８１号という、名もない新たな品種の米を懸命に育ててくれた。収穫された米をおいしいごはんにするために、連日たくさんの人びとが炊き方の研究実験をしてくれた。そして東北１８１号は水分85％で炊くと、世のブランド米よりも香り高くおいしいことをみんなに実感させてくれた。町内の女性たちが１００種類を超える多彩なおむすびをつくって持ち寄り、冷めてもおいしさを失わない東北１８１号の力を実証してくれた。

漆職人、こけし工人、桶職人たちも黙ってはいなかった。頼まれもしないのに、ごはんやおむすびを支えるさまざまな器をつくって、これが俺たちの気持ちだと提供してくれた。

旅館や観光にかかわる人びとも積極的に動いてくれた。湯に入り、旅立つ人びとに、おむすびをみやげにもたせたいと、まだ収穫されない米を予約してくれた。パン屋、菓子屋など町内の食品加工業者が、やがて出るだろうクズ米を粉にして、米をムダなく生かす数々の商品開発の協力を申し出てくれた。その数ざっと40種。

それらの熱い支援の成果を集めて催された２００７年3月4日の「鳴子の米・発表会　春の鄙の祭り」。北海道から九州まで、米と農業のゆくえに悩み案じる人びとが４５０人も集まって盛大に開かれた。人が支える食料、地域が支える農業の可能性をたしかめ合った。

同年5月下旬、鳴子町の山間地の田んぼでは前年の10倍の面積の田んぼで東北１８１号の田植えが

2007年３月４日「鳴子の米・発表会　春の鄙の祭り」

行なわれた。育てる農家も7倍の21農家に増えた。それだけではない。旅館のご主人やおかみさん、遠くで米の予約をしてくれた、たくさんの人びとが田植え作業に参加した。まだまだ水は冷たく小さな田んぼではあるが、「これが私の田んぼ」とでも言うかのように、みんなが嬉しそうに苗を植えていた。もう誰もが、たんなる米の消費者ではなかった。私の米、私のごはん、私の田んぼ、私の農業になっているように感じられた。

「鳴子の米プロジェクト」。それは、低迷する米価と小農を切り捨てる農政に抗して、国に頼らず、食べ手とつくり手が直接支え合う、古くて新しい試みである。まずは何よりも農家が安心して意欲を失わないで米づくりができるように、現状の生産者米価１万３０００円を１万８０００円に引き上げ、これを５年間保証する。そして食べ手はこれを２万４０００円で買い支えるという市場

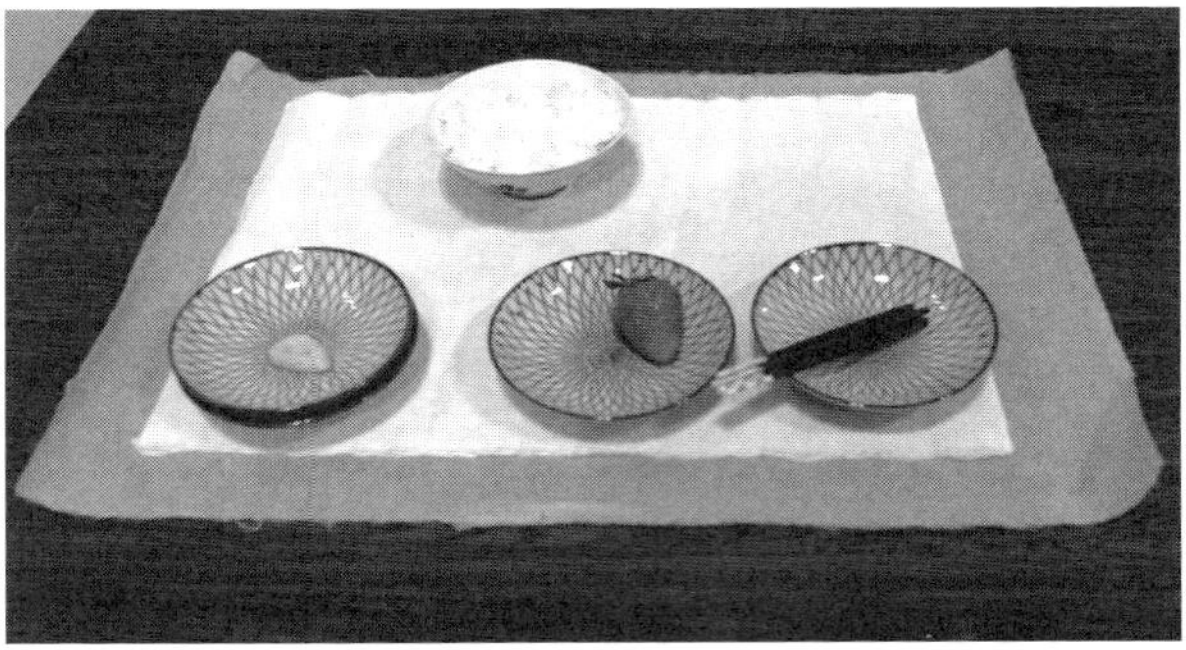

1膳24円のごはんと同額の食べもの

原理とは正反対の活動である。米の作付面積は5年かけて段階的に１００haを目標にするが、むしろめざすべきは、その食べ手の支持の広がりである。完売することが最終のゴールではない。広げたいのは「鳴子の米」の支持者の広がりだが、深めたいのは米と田んぼと農業・農村への理解。

果たして私たちはどれほど米やごはんについて知っているだろうか。もう何度もこんな質問を受けている。「農家に１万８０００円を約束したい気持ちはわかるが、それを２万４０００円で売るのは高いのではないか？」と。たしかに数字だけをくらべればそう感じるかもしれない。私たちは１俵６０００円の差額を、農業を志す若者たちの支援や、ごはんをおいしくするさまざまな研究開発などに使おうと思っているのだが、市場主義の洗脳力は思いのほか強い。そんな人びとに私は鳴子の米２万４０００円で炊いた1膳のごはんの値段を示すことにしている。ごはん1杯、24円である。これまではこのごはん1杯のうち13円分が農家の収入だった。むろん赤字である。それを18円にしたいのである。農家がやっていけなければ私たちの明日のごはんは失われてしまうのである。

私は、この1膳のごはんのそばに、あえて3つの皿を添え、仙台名産の笹かまぼこひと切れ、イチゴ1個、チョコポッキー4本を置いて並べた。いずれも同じ24円の食べものである。けっして趣味のよい比較とは思わぬが、米とごはんについて考えてみたいのである。まだまだ米とごはんの間は遠く離れており、あらためて考えてみなければならない課題は多いと思われる。

(5) 田んぼと食卓、米とごはんを近づける

民俗学では食をおよそ3つの領域から考える。「生きるための食」「儀礼の食」「楽しみの食」であるが、すでにこの国では前二者に対する関心は失われつつあり、快楽の海に漂っているようにさえみえる。経済合理主義からは、なぜ農家はコストを度外視してまで米をつくり続けようとしているのかは理解できないだろうが、それは米が今も「生きるための食」だからである。国家や市場のために米をつくるのではない。家族と友人と隣人の、生きるための米をやめないのである。私たちはその友人

鳴子の米プロジェクトのシンボル「豊」という字の金文体。「たかつき」という脚つきの器に穀物が盛られた様を表わしている

であり隣人でありたいのである。

むろん米はいつも自然に翻弄されてきた。冷害、干ばつ、病害虫。それだけではない。政策という人災にもゆさぶられてきた。しかしそれでも米をあきらめないのである。なぜなら米はたくさんの人の記憶とつながっているからである。食べられなかった思い出。救われた喜び。米には食の喜怒哀楽がつまっているのである。それゆえに、ありがたく「いただきます」と祈るのである。「いただきます」とは何に向けて、誰に向かってのものだったかを謙虚に考え味わう食事を「儀礼の食」と呼ぶ。「楽しみの食」、いや刹那的な快楽の食ばかりが膨張していくこの国にあって、正月や盆、彼岸、節句などの行事食を供えながら祈る人びとの心を私たちは取り戻したいのである。

3　グローバリゼーションとたたかうおとなを誇りに思う子どもたち

(1) たとえ「限界集落」と呼ばれようと

日本再生の手がかりを求めて日本の農山村を数年にわたって取材してきた経済学者の金子勝は、その報告書ともいうべき『食から立て直す旅　大地発の地域再生』（岩波書店、２００７年）の中でこう言い切っている。「あと一〇年もすれば、日本の農山村は地滑りを起こすように崩壊していくことだろう」と。

その理由は大きく２つ。ひとつは農業の担い手の半分以上がすでに65歳以上になって久しいこと。もうひとつは、財政赤字を背景にした地方切り捨て政策の加速化。しかし金子勝が凡庸なグローバリズム・市場経済至上主義の学者とちがうところは、現場に足繁く通い、人びとの暮らしと考えに向き合っていること。そしてそこから日本再生の希望を見つけようとしていることである。現場に向かい合った人間だけがもつ説得力とあたたかい体温を感じる。

その金子勝の言う地滑り的農山村の崩壊を最近流布されている言葉におきかえれば、「限界集落」ということになろうか。「限界集落」とは、65歳以上の高齢者が人口の50％を超え、農道や水路の維持管理や冠婚葬祭などの共同性の維持が困難になった集落のことをさす。国交省が昨年調査したところ、全国６万２２７１集落のうち、12・６％にあたる７８７３集落がそれに該当し、その３分の１が今後10年以内か、いずれ近い将来に廃村になる可能性があるという。もはや日本の農山村は過疎などという生やさしい状況ではなく、集落消滅への道をたどり始めた。

「限界集落」をめぐる最近の言説には、そんな危機感をあおりながら、またぞろ政策介入を目論む匂いが漂っている。学者と官僚が結託して押し進める地域対策の手口はいつも決まっている。人の暮らしの現場を抽象的な数値に置きかえ、それを分類し、効率性や費用対効果をシミュレーションし、「限界集落」「消滅集落」「準限界集落」「存続集落」などのレッテルを勝手に外から貼りつける。そのレッテルを浅薄なジャーナリズムがさわぎたてる。かくして再び「集落整備事業」なる施策がまことしやかに策定されることになる。なんのことはない。また再びの廃村化の促進である。人の暮らしの現場を外から勝手に決めつけるな。

憲法第22条は「何人も、公共の福祉に反しない限り、居住、移転及び職業選択の自由を有する」と謳っている。どんなレッテルを貼ろうと、たとえ限界集落と呼ばれようと、限界を決めるのはそこに生き暮らす人びとである。そこに暮らし続ける人が「限界」と思わなければ限界ではない。私はそうした人びとと村をたくさん見てきた。彼らこそ、都市化、効率化、グローバリズム、市場経済至上主義に抗して、静かに凛として日々を生きている。そして、その人びとによって私たちの日々の食料は支えられているのである。

（2）中学生への授業「鳴子の米から考える農と食」

標高４００ｍを超す山間地、宮城県旧鳴子町鬼首地区岩入。10戸30人ほどが暮らす、いわゆる「限界集落」である。しかしここは、「国家のために米はつくらず、食の未来を国にゆだねず、地域の力で食と農を支える」という「鳴子の米プロジェクト」の最初の小さな田んぼがあるところである。

２００７年秋、この集落と田んぼが大勢の人びとでにぎわった。ありがたいことにたくさんの方々に関心と支援をいただき、その輪がますます広がった。そしてイネ刈り前にもかかわらず、７、８割の米の予約までいただいた。だが、私たちばかりが喜んではいられない。

この年の米の生産者仮渡し金は１俵（60kg）１万２００円（宮城県産ヒトメボレ）。前年にくらべて15％も安い。１俵７０００円という地域もあると聞いた。あちこちから「もう米づくりはダメだ！」

との悲鳴が聞こえてくる。だからこそ私たち「鳴子の米プロジェクト」は、どんなことがあっても生産者価格1俵1万８０００円を維持していかなければならない。ここでふん張らなければ私たちの食の未来はない。

だが、私たちの目的は米を売り切ることではない。売るための努力は懸命にやるが、広げたいのは米の大切さ、田んぼの大切さ、それを育ててくれる農家と農村の大切さ。そして私たちの食の大切さ。それをできるだけ多くの人びとと共有したい。誤解をおそれずに言うならば、「鳴子の米」はそれを伝えるための、ひとつの道具である。その道具を使って私たちは食と農の大切さ、村の大切さを耕し続けたいと思っている。金とモノと効率以外に眼中にないグローバリズムと市場主義に抗して、ローカルな力を集めて足元の大切さを守りたい。当然ながらその道具は鳴子という小さな町、小さな村に生まれ育ち、そこをふるさととしてこれからを生きていく子どもたちとも共有したい。この町のおとなたちは、なぜグローバリズムに抗してたたかっているのかを、わかりやすく伝えたい。

9月20日、旧鳴子町の全中学生が一緒になって学ぶ鳴子中学校で、全校生徒２２０名に「鳴子の米から考える農と食」をテーマに授業をさせてもらった。ときあたかもその日、仙台で開催された「国際農業ジャーナリスト連盟」（ＩＦＡＪ）世界大会に参加した海外の記者たちも、欧米を中心に70人が中学生と一緒に話を聞いてくれた。

私が中学生たちに伝えた話の概要は次のとおりである。

「1膳24円のお米の値段は、コップ1杯のウーロン茶と同じ……」

・日本という国は明治21年、７万１３１４の村の集まりで、町は少数だったこと。
・鳴子もまた40~50の村の集まりだったこと。
・村の人びとは互いに支え合って暮らしていたこと。
・村の人びとが何よりも大切にしていたのは、山、川、田、畑、沼などの自然と水と風と光と土だったこと。そこに働きかけて衣食住をつくり出し、エネルギーも楽しみもつくり出しながら生きてきたこと。
・それが昭和40年代から急速に変化し、つくる暮らしよりも買う暮らしが中心になったこと。そして気がついたら食をつくり支える人びとは３２４万人、日本の人口の３%弱になり、97%が食を買う側になったこと。そして70%が60歳以上の人びとであること。
・いつまでも高齢者に支えられた食生活を続けることはできないこと。ひとりひとりが自分の食を考えなければならず、そのためには、自分の食は誰が支えてくれているかを知ることが大切であること。
・食料は安い外国から買えばよいとするおとなたちは多いが、13億人の中国、11億人のインドなど、海外でも大国が食料を輸入に転じ、これまでと状況が変化していること。いつまでも輸入に頼れなくなりつつあること。

・そうした日本の食料をどうするかということをおとなは議論したり考えたりしているが、私からみれば、モノと金しか考えない人が多く、それをつくっている人の存在や思いを受けとめられないでいること。

・そうしたなかで政府は食を支える農家を面積の大小で選別し、多くの小さな農家が支援を受けられなくなった品目横断的経営安定対策という制度が始まったこと。

・その結果、鳴子の６２０戸の農家のうち国から支援が受けられるのはわずか5戸のみであること。

・大多数の農家が米価の低落と支援打ち切りで悩んでいること。この10年で１２０戸が農業をやめ、耕作放棄が4.5倍に増えたこと。

・このことを同じ町に住む人間として見逃してはいられないと立ち上がった人びとが始めたのが「鳴子の米プロジェクト」であること。

・これから5年間、安心して米づくりができるように農家手取りが１俵１万円の時代に１万８０００円を保証し、世に言う「ブランド米」ではなく、まったく新しい品種「東北１８１号」という山間地でもたくましく育つ米を植えたこと。みんな張り切っていること。

・この米を１俵２万４０００円で買ってくれる人を増やすのも大切だが、それを食べることで米や田んぼ、農家や農村の大切さを理解し支えることが目的であること。

・君たちのふるさと鳴子がいつまでもよいふるさとになるために理解と協力をしてほしいこと。

（3）「鳴子は鳴子が出来ることをしているのですごい」

ざっと言えばそんなことを、スライドを映しながら１時間半かけて中学生たちに話した。真剣に耳を傾けてくれた中学生全員が授業の感想を届けてくれた。果たして中学生たちに「鳴子の米プロジェクト」の思いは届いただろうか。

10人のうち４人はこのプロジェクトの存在を初めて知ったという。そしてその多くが、話を聞いて大切な活動であると受けとめてくれたようである。そして10人のうち６人は、存在は知っていたが詳しくはわからなかった。そして、自分は何をしてよいかわからなかったという。

わずか１回の授業ですべてを理解することなどありえない。ただ、毎日通学する道すがらには田んぼがある。その田んぼで働く人と自分はあかの他人ではなく、もしかしたら今日のごはんをつくってくれた人かもしれない。そんな目で田んぼと人びととの仕事を受けとめてほしい。そして私は、茶碗１杯のごはんを手に取り、中学生たちに話しかけた。

「鳴子の米は60kgで2万４０００円。それを高いと思う人も少なくない。しかしこの60kgの米が１０００杯のごはんになります。人は平均、年間１０００杯のごはんを食べています。そうすると１杯の値段は24円です。どうだろうか？　１杯24円は高いだろうか。同じ値段の食べものはチョコポッキー４本、イチゴ１個、笹かまぼこ５分の１切れ。ウーロン茶グラス１杯……。しかも、この24円のごはんのうち、農家の人が受けとるお金は10円から12円。それではもう米はつくれないと悲鳴をあげています。それを５年間18円にしたいのです。買ってもらった差額６円は、君たちが将来農業をやろうとするときの支援の一部にあてたい。どうだろうか?」

たくさんの感想が寄せられた。以下はその一部……。

・将来お米をつくる人がいなくなったら、お米を食べられないので父の手伝いを積極的に手伝いたい（1年女子）。

・話のとおり、あたたかい田んぼが、人の手を加えなくなるとさびしくなるのを知りました。私が農家をするとしたら体が動かなくなるまでやりたいと思う（2年女子）。

・自分たちは何も知らずにお米を食べているけれど裏にはたいへんなことがおきている（3年女子）。

・なんか……感動っていうか、悲しいっていうか……。話の中で「一生懸命育てたのに安くてガックリだ!」って言うのを聞いて、じいちゃんたちを思い出し悲しくなった。でもこのプロジェクトで、これからもずっと続けたいってなるように応援していきたい（3年女子）。

・何気なく食べていたごはんに危険がせまっていることをはじめて知った（3年女子）。

・私の家では3年前まで田んぼをつくっていました。でも今はつくっていません。来年からつくってほしいと思いました（2年男子）。

・宮本常一さんの「自然は寂しい」という言葉を聞いて感動しました。もし私の手を加えて何か変わ

「自分たちにできることは何か」を話し合った中学生たちが、鬼首地区の米の脱穀を手伝った

るのであれば協力したいと思いました。私たちはみなさんのおかげでここまで育ったと思います。ありがとうございました（2年男子）。

・ごはん1杯24円ははじめて聞いた。農業のことをもう少し知りたい（2年女子）。

・鳴子も小さいところなのに、鳴子は鳴子が出来ることをしているのですごいと思った。とにかくすごかった……（2年女子）。

・うちも今たいへんです。米の値段が安く、経済的に厳しいです。うちは兄弟みな働きに出て、働き手も少ないです。でも実際に手伝っていると楽しいです。この前、ある本屋さんの一角に「鳴子の米」という題のコーナーがありました。その時はあまり気にしていませんでしたが、今日、鳴子、そして日本の現実を聞き、「あれは、日本を救うためのコーナーだったんだな」と思いました（３年女子）。

私の授業の前に「鳴子の米」の給食を食べ、話を聞いてのち、帰って家族と一緒に炊いて食べる米を土産にもらい、下校していった鳴子中学校の生徒たち。家族とどんな話をして食べたのだろうか。大半の生徒たちは、農家にはなれないし、農業も手伝えないけれど、鳴子の米を食べることで支えたいと感想をしたためてくれた。私が伝えられたことはほんの少しだけだったが、中学生たちはその何倍ものことを受けとめてくれた。

「鳴子の米プロジェクト」は、田んぼにかかわるすべての人を暖かくしていきたい。

４　つくり手・食べ手に、新たな「伝え手」「つなぎ手」が加わって

(1) ドラマ「お米のなみだ」

食の不信と不安がうずまく消費社会日本。低迷し続ける米価にゆさぶられる農家、農村。市場原理をタテに小農を次々に切り捨てて迷走する農政。そんな構図から抜け出し、それらに抗して、食の未来を国にゆだねず、食べ手とつくり手が直接向かい合い、ともに支え合っていこうと始まった「鳴子の米プロジェクト」。２００８年は35戸の山間地農家が10haに「ゆきむすび」と命名された「東北１

81号」を作付けした。それまで3年間の活動をふり返り、予想以上の理解と支持が得られたと、あらためて感謝するばかりであったが、広がりは米の購入だけにとどまらない。予期せぬ反応と展開が数々あった。

そのひとつにNHK仙台放送局から協力を要請された「鳴子の米プロジェクト」の活動をモチーフにしたテレビのドラマ化がある。なぜNHKは試行錯誤、あえぎあえぎの「鳴子の米プロジェクト」の活動に関心をもったのだろうか。チーフプロデューサーの矢吹寿秀さんの「制作にあたって」という一文を紹介したい。

……このたびNHK仙台放送局の開局80周年を記念してドラマを制作することになりました。（略）仙台放送局が本格的なドラマを制作するのは13年ぶりです。この得難い機会に、私たちは何を送り出すべきか。悩みに悩んでいたときに出会ったのが「鳴子の米プロジェクト」でした。地域の「食べ手」が、「つくり手」にとって米づくりが持続できる価格で米を買い取ることで、地域の米づくりを支え景観を守ろうというこのプロジェクトは3年目の今年、すでに10haに35人が作付けするところまで成長しています。「日本の食料・農業」だとか、「グローバリゼーション」なんてことはひとまず置いておいて「どうすれば『ここ』の暮らしを自分たちの力で守れるか」ということのために新しい知恵を出して一歩を踏み出す。そんな人たちがいることに驚き尊敬の念を禁じ得ませんでした。そこで私たちは鳴子に似せた仮想の集落を舞台とすることで、米づくりや農業について大都市に住む人にとっても考える機会となるよう新しい物語を紡いでいこうと決意しました。（略）東北の米づくりを応援する思いがいっぱい詰まった作品を目指したいと思います。

鬼首地区でのドラマ「お米のなみだ」田植えの撮影

もとより私たちの「鳴子の米プロジェクト」はどこかに先進事例やお手本があって始めたわけではなく、身近な人びとがあきらめて離農していく姿に心を痛め、荒れていく田園風景をなんとかしたいという単純な動機をエネルギーに持ち寄って始めた手さぐりの活動である。米の値段が下げどまらず、田んぼのあちこちから悲鳴が聞こえるなかで、なんとか米づくりを続けるためには、どうしても現状よりは高く買ってもらわなければ成り立たないという、市場原理主義の矛盾のまっ只中に始まったもので、いわば時代に逆行する試みでもあった。いわゆる「食の安全・安心」を念仏のように唱える消費者と食の商人たちとの圧倒的な壁をどう突き破るか。勝ち目のない無謀な試みであり、それがどこまで伝わるか、不安だらけのプロジェクトであった。そんなときに、農業と農村の現状と現実を都市の人びと消費者につなぐドラマをつくりたいという。私たちの思いをまっすぐに受けとめてくれる頼もしい援軍があらわれたのである。

さて、ドラマのタイトルは「お米のなみだ」。米に苦しみ、田んぼのゆくえに悩むすべての農家の思いを代弁するかのようなタイトルである。その「あらすじ」はこうである。

——いまや農政から見離されようとしている中山間地の米づくり。しかし、ある夏、日本中が東北地方の山あいの田んぼに熱いまなざしを送る事態が発生した……。

東京の商社に就職して5年になる月村みのり（27歳）。5月のある日、彼女が所属するコメ飼料課の社員たちは東北の中山間地の青田買いを命じられる。アメリカの気象会社から、東アジアが記録的な猛暑になる極秘情報がもたらされたためだ。7月中旬から8月にかけて、午前11時の気温が34度を超えると、稲が穂を出さない「高温不稔」に陥る。みのりたちは秋の大凶作を予測した上司から、比較的涼しい東北の中山間地でコメを買い占めてくる指令を受けたのだ。宮城に降り立ったみのりと後輩の伊藤健吾。しかし2人の前にどうしてもコメを売ろうとしない頑固な農家のリーダー・矢萩豊蔵が立ちはだかる。高値での取り引きを持ちかけても、自分たちは地域の人びとのためにコメをつくっていると拒否する豊蔵。やがて、みのりの知られざる過去が明らかになっていく（ＮＨＫパンフレットより）。

（2）「あまりに哀しくて、温かくて……」

ドラマ「お米のなみだ」は、２００８年5月から8月まで鳴子地区をロケ地として、地域の人びとの協力を得ながら撮影が行なわれた。食べ手とつくり手が地域で支え合うという私たちのテーマが、地球温暖化と異常気象、イネの高温障害と米不足、暗躍する商社と米を売らぬ農民など、ドラマの背景と骨格を得て、リアルに、そして切々と、ていねいに描かれて完成した。そして感動の現地試写会を経て、9月19日午後7時30分から8時43分に東北地域で放送された。果たして放送後には大きな反響が寄せられた。

「よくぞ農家・農村の思いと現状を伝えてくれた」
「涙があふれてとまらなかった」
「米と農家の現状を知り、私も何とかしなければと切に思った」……

たくさんのメッセージが放送局に寄せられた。再放送を望む声の多さと高視聴率に押されてか、翌10月19日には地方発のドラマとしてはめずらしく全国放送になった。米や農、そして食料のゆくえに対する関心は東北だけのものではない。再び全国各地からたくさんの反響とメッセージが届いた。不思議なことに20～30代の若い世代の反応がきわ立っていた。そのなかから佐賀県の20代の女性の感想を紹介したい。視聴者がこのドラマをどう受けとめたかを代表しているように思えるからである。

――私は農家の生まれではなく、親戚にも農家を営んでいる人はいないのですが、このドラマを見て、とても感動しました。教科書・ニュースのなかで、冷害による米不足や農家の後継者が減っていることは漠然と知ってはいました。私のお米に関する知識はその程度のもので「農家の人って大変だなあ」とのんきに考えていました。なので、ドラマを見始めたときも、やっぱり他人事のような目で見ていました。しかも最近は、太るのが嫌だからという理由でごはんを食べる量を控えていたので、私のなかでお米というものの重要度は、かなり低くなっていました。

そんな私にとって、このドラマは衝撃の連続でした。農家の方々の努力や苦労は想像を絶するほど大きいものだと思い知らされました。また、米づくりを生業とする方々の、米や田んぼ、お米を食べる人びとへの愛情はとても深いものでした。

ごはんを食べることが、水を飲むように当然のことだと思っていたのは、間違いでした。農家の方々のたくさんの汗や涙があってこそ、今、食卓の上にごはんをよそったお茶碗があるのだと身にしみて思いました。農家の問題は、日本に生きる私たち一人ひとりと密接に関係した問題で、これからも真剣に考えていかなければならないと痛感しました。

「お米のなみだ」は、きびしい農家の現状やお米の大切さを教えてくれましたし、他の面でも強いインパクトを残しています。波乱に満ちたストーリーと魅力的な登場人物・キャストがそろい、次の展開はどうなるのだろう？　主人公の過去とは？　と、見ていてドキドキさせられました。とくに最後のおかゆのシーンは、あまりに哀しくて、温かくて涙が止まりませんでした。田園風景の瑞々しい美しさ。ノスタルジックで穏やかな音楽。ひとつひとつが鮮やかに心に残っています。

（3）「どうすればよいのか」「できることは何か」の自問自答

私はこのドラマを観た方々が寄せてくれた感想メッセージを読みながら、多くの人びとが食と農に対して抱いている「漠たる不安」の所在を思った。

2008年10月のイネ刈り交流会。九州や中国地方から来た若者も含め70人が参加。「ゆきむすび」の小昼を囲む

あえてそれを一言で言うならば、「この国はこれから食に苦しむ道を歩まねばならないのではないか」という不安と疑念を、誰もがぬぐい切れないままに抱えているのではないかと感じた。とりわけ若い世代の反応にそれを強く感じた。ある種の中高年たちは「まさか、そんなことはあるまい。もしなくなるのなら金を出して外国から買えばよい」と高をくくっているかもしれないが、長き人生をこれから生きていかねばならぬ若い世代にとっては深刻かつ真剣ならざるをえない問題である。

「豊かであるはずのこの国で、食に苦しまねばならぬとしたら……」

むろん誰もがそうあってはならぬと思っている。しかし、それを回避するにはどうしたらよいのかわからない。国や行政を責めたところで、その答えが出るわけではないことは年金・医療・福祉をみても明らかである。しかし人は食べなければ生きてはいけない。その命の糧をどうすればよいのか。巷間流布されている食のテーマは相も変わらず「食の安全・安心」の念仏合唱だが、もはやこの国の食の状況はそんな生易しいものではなくなった。これまで私たちは、食は水のようにいつでもある、と信じて疑わなかった。それゆえに食のクオリティのひとつである安全性に関心が集まり、それが商品価値を生み、人びとの食の基準となった。しかしその前提は崩れつつあるのではないか。これからは日本の食はなくなってしまうかもしれない。それを前提に考えなければならなくなったのではないか。

今人びとは、「食の安全・安心」よりも「食の安定・確保」こそがテーマであると直感しつつある。食料の60%を海外にゆだね、低価格生産を限界点にまで押しつけながら、さらに安全と安心を保証しろといってはばからない厚顔無恥な日本の消費者である私たち。その歪んだ自画像から抜け出したくなったのだろうか。食料危機とは海外からの輸入ストップや食料争奪戦に敗れることによってのみもたらされるのではない。危機はつねにわが内部にあり。商業資本が巧みに演出する「食の安全・安心」にからめとられ、それを必死で支えている生産現場の労苦の現実を何ひとつ知らず、金さえあればなんでも買えると思い込んでいる鈍磨した意識からの覚醒こそが問われている。

「お米のなみだ」に寄せられたメッセージのなかでもっとも多かったのは、「私はどうすればよいのか」「私にできることは何か」と自問自答するものである。もはや事態は他人まかせや行政責任では解決することはなく、自らコミットして事に対処するしかない、という食と農の当事者のひとりになろうとする姿勢の変化。このドラマが人びとにもたらしたものは、グローバル化の論理に身をゆだねず、信頼できる身近な食のつくり手に近づき、ともに支え合う存在関係を構築したいという、私たち「鳴子の米プロジェクト」の活動を支えてくれる人びとと共通のものであるような気がする。

(4) つくり手と食べ手に、新たな「伝え手」「つなぎ手」が加わった

さて、「お米のなみだ」が放送されてから、思いもかけぬ問い合わせが「鳴子の米プロジェクト」の事務局に寄せられた。ドラマを観て感激した県内１、２位を競う大手食品製造会社から「鳴子の米・ゆきむすび」を使って駅弁をつくり全国に売り出したいという申し出があったのである。ときあたかもＪＲディスティネーションキャンペーンが宮城県を中心にくり広げられようとしていた。そのメインポスターやガイドブックの表紙には「鳴子の米・ゆきむすび」が取り上げられている。そのヘッドコピーは「ひたむきに挑み続ける哲学」とある。まだ始まって3年というのになんとも思はゆい持ち上げようだった。そしてそのボディコピーにはこう書かれていた。

――寒冷な山間地でおいしい米は作れないとだれもがあきらめていた。その固定観念をかえるべく、三人の老農夫が新しい品種の米を育てた。秋、そのおいしさに都会の人たちは驚き、その米をちょっと高い値段で買うことで、彼らの米作りを応援し始めた。たった一粒の米を、今やいろんな人生を生

鳴子の米プロジェクト応援弁当「宮城ろまん街道」の記者発表

きている多くの人びとが支えている。これが鳴子の米プロジェクトだ。人と人、山とまちとを結んだこの米の名は〝ゆきむすび〟という。

ホテルでは、宴会の最後にお客の目の前で3合ずつ30分かけて「ゆきむすび」を炊いて提供

たしかに少しずつ鳴子の米は名が知られるようになっていた。しかし申し出たのは大手の会社。私たちの米はまだ10ha、42tの生産量である。しかもその70%は予約の支持者７００人に届けなければならない。さらに私たちの米は1俵2万４０００円。大手業者ならその半値の取り引きが常識とされている。果たして交渉はうまくいくのか。プロジェクトのメンバーによる議論が重ねられ、出した答えは、値段は1円もまけられないこと。そしてできるだけ多くの人びとに届けたいので数量が限られること。この2点だけはゆずれない、というのが結論だった。果たしてきびしい企業競争の業界に、そんなひとりよがりの主張が通じるのか。

だが、意外にも食品会社は曲折を経ながらもＯＫを出してくれた。業界常識の2倍の値で「鳴子の米・ゆきむすび」を受け入れてくれた。しかもその量は、わずかに1.8t、30俵である。通年販売すればＪＲ仙台駅の売店で1日50〜60個しか並べられない。しかし、それでもよいのだという。ありがたい話である。私たち「鳴子の米プロジェクト」がめざすのは、持続可能な食べ手とつくり手のきずなづくりである。その食べ手とつくり手の間に、中山間地農業のきびしさを理解し支援しようという、新しい「つなぎ手」が加わった。ちょっぴり高い米ではあるが、次の世代の食を担う、若い農業者をこのプロジェクトから生み出すためにも、そして「食の安定」のためにも、さらなる努力を重ねていきたい。

第4章　農山村をめざす若者たちへ

1　若者に引き継ぐ現場たたき上げの農の未来型

(1) 農村女性・高齢者の次世代へのメッセージ

2005年春に新しい高校教科書が登場した。その名は『グリーンライフ』(農文協刊)。農業科用の教科書であるが、普通科や総合学科も含めてすでに全国約250校で採用されている。その内容は、グリーンツーリズム、市民農園、観光農園、農産物直売所など、これまでの農政からは脇役あるいは傍流として、ともすれば軽んじられてきた分野が中心である。これらは農産物直売所に代表されるように、この十数年農山村の現場で女性や高齢者たちによって試行され成果をあげてきたものである。それは農業を生産性のモノサシだけでとらえ、現場を無視し机上のプランを押しつけてきた農政とは対極の、現場たたき上げの農の未来型である。いわば身体を張った人びとの日々の経験が、初めて体系だてられ若い人びとに学びの書としてリレーされようとしている。迷走する農政に抗いながら、己がグリーンライフの足場を独自に築いてきた女性と高齢者たちが汗で書いた次世代へのメッセージでもある。

この教科書は、こんな言葉から始まっている。

——私たちはいま、どこからどこへ向かおうとしているのだろうか。近年、世界的に、都市のなかで物を大量浪費する暮らしから、大地に根ざした持続可能な暮らしへと転換したい、ゆっくりと流れる時間を大切にしていのちゆたかに暮らしたい、といったライフスタイルの転換が顕著にみられるようになっている。（中略）「多自然居住」や「定年帰農」など、さまざまな田園回帰の潮流も生まれてきた。都市から農村に移り住み、農業を基盤とした新しいビジネスに取り組む人びとも登場した。

こうした取組みやライフスタイルは「グリーンライフ」と総称することができる。その言葉には、緑ゆたかでいのちのにぎわいに満ち、持続的な生活文化や産業のある農村で、たった一度の人生を充実させたいという国民の願いが込められている。

(2) ゆるがぬダーチャ暮らし・ロシア

ところで故・米原万里さんの『ロシアは今日も荒れ模様』（日本経済新聞社、１９９８年）というエッセイ集は読むたびに元気が出る本だ。ソ連邦という巨大な国家が崩壊分裂してもロシアはなぜ平然としてロシアであり続けられるのか。体制が激変したというのに人びとの暮らしはなぜゆるがないのか。その疑問に答えてくれるばかりか、行き暮れ、行き詰まる日本および日本人の生きるべき道すらも示してくれるようにさえ思える本である。むろんグリーンライフについてもきわめて示唆的である。少し長くなるが引用してみたい。

――週末であれ、長期有給休暇であれ、都会に在住するロシア人が大統領から掃除婦のおばさんまで老いも若きも決まって過ごすのは、ダーチャという名の郊外のセカンドハウス。ビラ（離宮）と呼ばれるに相応しい豪壮な邸宅もあれば菜園に掘っ立て小屋程度のものまでいろいろあるが、そこで大多数のロシア人は農業をやっていたのだ。

　エリツィン大統領夫人のナイナさんがダーチャのトマトの熟れ具合やキュウリの出来が気になって気になって夫の外遊に付き合うのをひどくいやがるのは有名な話だ。エリツィンの補佐官スハーノフ氏が月曜午前、待ち合わせたクレムリンの彼の執務室に随分遅れて汗をかきかき飛び込んできて開口一番、吐いた台詞も忘れられない。

「いやあ申し訳ない。ジャガイモの採り入れがまだだと女房に尻を叩かれてね、出るに出られなくなっちまったんだ」

最近知り合ったガラス工場で働くニーナもしじゅうこぼしている。

「土日はダーチャで過ごしたから、もうクタクタよ」

そういえば、小川和男氏（ロシア東欧貿易会専務理事）も『ソ連解体後』（岩波書店）のなかで「ロシアのジャガイモはパンと合わせて60％以上は家庭菜園で生産されている」と指摘している。ロシア人にとってのジャガイモは日本人にとってのコメに相当する主食。1億5000万総兼業農家！これがロシア人を理解するに不可欠なキー・ワードなのだ。

半年も休暇をとって退屈しないわけだ。食料品店の棚が空っぽでも暴動が起きないわけだ。今やロシア市場を席巻する勢いの輸入食品の安全性について無頓着でいられるわけだ。政府がかなりムチャクチャなことをやっても持ちこたえるわけだ。91年のクーデター未遂事件のおりも、93年の議事堂銃撃戦のおりも、オペラ・バレエを鑑賞する余裕を失わないわけだ。この類まれなるバッファーがあるからこそ、ロシア人は途轍もなく過激にもなれば、途方もなく気が長かったりもするのだ。

野心がギラついていてロシア人の間では「風見鶏」と不評極まりないさる有名紙編集長のB氏と、日本の農業問題を話し合ったおり、私が減反政策の結果一度離農した人が戻るのは至難、それほどコメ作りは大変な仕事だというようなことを言うと、インテリのB氏はさかんに頷いた。

「ああたしかにコメ作りは実に労働を喰う代物だ。オレもダーチャで挑戦してみたことがあったよ。

精根尽き果てたね。でも甘美な喜びももたらしてくれた」

そう言って陶然とした表情になった。何となく嫌いだったB氏にたちまち好感を持ってしまった。

ふと友人のタチヤーナの言葉を思い起こす。

「ロシア人は土をいじりながら自分を取り戻すのです」

ロシアをロシアたらしめているもの、それは政治でも軍事でも経済でもなく、女性たちを中心に営まれている1億5000万総兼業農家によるグリーンライフ。1日として欠くべからざる生命と生存のための食料は、まずわが手で耕し種をまき収穫するという、かつてのわが国でもあたりまえに行なわれていた暮らしの基本がロシアでは今なお健在だった。主食の60%以上を自ら生産し消費するという自給的農家の存在と、最大の生活インフラにして最大の安全保障の拠点、ダーチャこそが強いロシア、ゆるがぬロシアを根底で支えている。

そして亭主たちの外交や閣議よりも、トマトの熟れ具合やジャガイモの収穫のほうが大事だと考えるロシアの女性たちの健全さ、たくましさがうらやましい。それにくらべて、国民食料の60%を海外に依存し続けながら、あくなき飽食をむさぼる日本および日本人の異常な神経と食生活。この国の希望のなさ、不安ともろさは、生きる基本の食料を他人まかせにしていることに由来しているのではあるまいか。

経済の停滞や後退にうろたえ、みっともない姿ばかりをさらしている日本人よ、私たちも、土をいじりながら自分を取り戻すべきときが来たのではあるまいか。そう呼びかけているのがグリーンライフへの誘いであるように思える。

（3）生きるための5つの基本・沖縄

自分の食べものは自分で育てて食べる、というロシアのダーチャの思想に触発されて思い出すことがある。6年ほど前に訪ねた沖縄「やんばる」地域に暮らす長寿者たちの言葉とライフスタイル。これからの高齢社会にとって大切なものは何かをさぐるための2週間ほどの聞き書きの旅だったが、90歳を過ぎてなお明るく生き生きと暮らす「おじい」「おばあ」たちが教えてくれる、生きるための基本は、まっすぐにロシアのダーチャにつながっていた。

沖縄「やんばる」に暮らしてきた90歳以上の「おばあ」たちが、その体験から導き出した高齢社会にとっての大切なものとは次の5つであった。

①「あたい」をもつこと
②日々「ゆんたく」をすること
③「ゆいまーる」で互いを支えること
④「てーげー」で生きること
⑤「共同店」をもつこと

「あたい」とは自給の畑のことである。なるべく屋敷内か家の近く、すなわち家の「あたり」に自分

沖縄の自給畑「あたい」。どの家もていねいに野菜と果樹を育てている

の食べる作物を植えておくこと。事実、私の会った50人ほどの高齢者は、そのほとんどが自分の「あたい」を耕し種をまき、収穫して食生活を営んでいた。

「おばあ」たちに食べものとは何か、と質問してみた。すぐに「食は、ぬちぐすい」という答えが返ってきた。「ぬち」とは命のこと。「くすい」とは「薬」という意味。「食は命の薬である」という明確な考え、いや哲学があった。

　老婆心ながら異常なほどに健康を気づかう本土の人びとのために注釈をしておくが、薬とはサプリメントのことではない。穀物や野菜や魚などの食材そのもののことである。「命の食材」は他人まかせにせず、自らが育て、料理をして食べる。それが人間のあたりまえのありようではないか、と、輸入食品に不信を募らせ、食の安全安心に疑念を抱く本土の消費者のうろたえぶりを笑っていた。

「ゆんたく」とは「お茶のみしながらのおしゃべり」のことである。「やんばる」の集落は朝の「ゆんたく」から1日が始まる。夜明けとともに近所の人びとが長老の家の縁側に次々と集まってくる。用意されているのは大きなポット3、4本に入った沖縄茶。それを飲みながら朝の「ゆんたく」が始まる。茶請けは決まって黒糖。1年365日変わらない。

歯をみがきながら、ジョギングの汗をふきながら思い思いの会話。「鎌の柄がグラついて作業がはかどらない」とおばあが嘆けば、「オレが直してやるから持ってきな」とおじいが答える。「キャベツの苗が少し足りないよ」とおじいが言えば、「私の苗を分けてあげるよ」と別のおばあが答える。「ゆんたくすれば、たいていのことは解決するさ」とその効能に皆がうなずく。「○○のおばあの姿がこのごろ見えないけれど、病気かね」と誰かが心配すれば、「ああ、那覇に嫁いだ孫娘が産んだ曾孫の顔を見に出かけたさ。明後日に戻ると言ってたよ」と、近所の人びとの消息も「ゆんたく」しながら確かめられる。一緒に暮らす隣人あってこそ地域の生活ではないのかと、隣人を失い、会話すら失って生きる都市の時代を問いかける「ゆんたく」。

「ゆいまーる」とはお互いさまの労働交換。かつて日本の農山漁村のどこでも行なわれていた相互扶助の労働交換。田植え、稲刈り、屋根ふき、冠婚葬祭……。手間のかかること、金のかかることをお互いに軽減するために、みんなの力を持ち寄って支えていた農山漁村の最大の文化遺産。すでに多くの農山漁村から結《ゆい》が消えていくなかで、やんばるにはお互いさまの精神が生きていた。

「てーげー」とは知る人ぞ知る沖縄的おおらか精神のこと。たいがい、だいたい、おおよそでいいじゃないか。今日がダメなら明日があるさ。厳密さも大事だが、アバウトでも、まあいいじゃないか。深刻すぎずに「ナンクルナイサ」（なんとかなるさ）の、力を抜いた生き方、暮らし方、つき合い方。

デタラメではなく「よい加減」。心をこわばらせず、遊びをもたせて生きていく、いわば沖縄的人生訓、処世術。不況、倒産、リストラ、いじめ、引きこもり、殺人、自殺……。ゆとりなき日本に足りないもの。それが「てーげー」ではないのか。

(４) 希望の国のエクソダス

話はロシアから沖縄やんばるへと迷走してしまった。しかし、グリーンライフは日本のあちこちで始まっている。すでに時代の流れは都市を離れて山野河海の農山漁村へ。もはや都市は都市の先にどんなビジョンもどんなライフスタイルも展望することができなくなってしまった。アーバンライフからグリーンライフへ。これはもう止められない不可避の流れである。

まず団塊の世代が大量に企業社会の巣窟である都市からあふれ出し、その多くが、いま再びのふるさと回帰を志向しているという。金にほんろうされ、組織に押さえつけられた呪縛の身をグリーンライフで最後の自己実現をはかろうと準備をしている。そして、企業社会に懐疑的な若者たちがそれに続くだろう。

さらに、「この国には何でもある。本当にいろいろなものがあります。だが、希望だけがない」と主張する『希望の国のエクソダス』（村上龍、文藝春秋、２０００年）の中学生たちが、グリーンライフにわずかな希望を見出すかもしれない。彼らは都市で埋め尽くされた都市の時代に生まれ、そこを希望のない養鶏場とみなし、そこからの脱出を試みようとしている。その脱出計画が実行に移されなければ「この国は全体が養鶏場のようになるでしょう。餌だけはきちんと毎食与えられて狭い鶏舎に閉じこめられた鶏のような人間だけになって、略奪だと知らないまま略奪され尽くすことになるでしょう。養鶏場は、メディアの力を借りて、すでにこの国の隅々まで広がっています。養鶏場の鶏たちは、何も不足がないと思っていることでしょう。はっきりしているのは、今のこの国と同じで、養鶏場には希望だけがないということです」。

このリアルなフィクションの主人公である中学生たちは、その後、北海道への移住を実行し、やがて第2の移住先を沖縄国頭郡すなわち「やんばる」と決定する。なぜ北海道と沖縄なのか？　と問われてフィクションの中の主人公が答える。

「北海道と沖縄出身者でいやな人間に会ったことがないから」というのが理由である。「要するに、上の人にペコペコして、下の人には威張るという醜いメンタリティをどういうわけか北海道と沖縄の人は持たずに済んでいるんです」ともつけ加えている。

(5) 緑のふるさと協力隊

都市を離れて農山漁村をめざす若者たちが増えている。これはひとつの事実である。たとえばNPO地球緑化センターが1994年から毎年派遣している「緑のふるさと協力隊」。2009年も46人が山村の農林業の現場で汗を流している。彼らの多くは都会育ちの20代。ある者は大学を休学し、ある者は会社を辞め、1年間のグリーンライフを経験する。支給されるのは月々3万円の食費と2万円の生活費だけだというのに、若者たちは生きる道を求め農山村へと旅立っていく。同センターによれば、「緑のふるさと協力隊」への問い合わせは４００～５００件を超え、申し込みは定員の1.6～2.5倍。彼らを受け入れる町村はまだまだ少ない。

１年間の農村体験を終えた若者たちが一堂に会する「緑のふるさと協力隊・公開報告会」

いたずらに過疎化や高齢化を嘆くだけで、こうした若者の変化と意欲を受けとめきれない旧態依然の地方自治体。都会しか知らない若者にきびしい山村生活が耐えられるか、現場も現実も甘くはないぞ、と分別顔の対応だけ。口では食料自給率の向上や農業の多面的機能を叫びながら、肝心の、誰が農山漁村を守り、誰が種をまき収穫して食料を確保するのかの、人間の問題にまともに向かい合えない農政。その頑迷さと鈍さがこの国の将来を塞いでいる。農林漁業とは自然の間に人がいて初めて成り立つ仕事である。その原点を若者が問いかけているのである。姑息な場所から抜け出すべきではないのか。

　だが心配することはない。山村に赴いた若者たち

派遣先で習い覚えたそば打ちも披露

から毎月届く便りを読めば、逆にこれら若者たちの力で日本の農山漁村がよみがえっていくのではないか、そんな期待がふくらんでくる。

「草刈り機をとめて訪れた静寂。ふと空を見上げると、入道雲にトンボの大群。毎日太陽の下で汗を流していると、自分もこの大自然の一部なんだなあ、とあらためて気づく」

「小さな村ですが、村の人がとても魅力的。高齢化率は県下一でも、おじいちゃん、おばあちゃんは明るく元気な人が多いです」

「挨拶をすると『ご苦労さま』と言葉を返してくれる村の人に励まされて、長靴を3足も履き潰すほど働きました」

　具体の現場に立った者だけが感受できる手ごたえと発見がある。汗を流した者だけが表現しうる言葉がある。そのひとつひとつがズンズンと胸に響く。陽の光、流れる水、吹きわたる風、匂う土。その上にしっかりと立ち、知恵と工夫で生きる村人への敬意のまなざし。そして緑の中で営まれる無数のいのちのにぎわい。そんなグリーンライフの1年の経験が若者をさらにたくましくする。これまでの派遣隊員４２０名中、その40％が現地にとどまり定住を決めている。

ときに悩み迷いながらも、少しずつ山村に地歩を築いていく若者たち。どうやら私たちおとなは、己が抱く若者像を大幅に修正しなければならないのではないか。

疲れきったおとなの基準で若者をとらえてはならない。脱ぎ捨てるべきは、いつのまにかまとっていた身すぎ世すぎの己が保身の衣ではないのか。自然に鍛えられて学び、農山村を生きる人びとに励まされつつ自律の道を歩み始めた若者たちに、私はグリーンライフの新たなる可能性を託したい。

（6）それぞれのモノサシで生きる時代が始まった

そうした若者たちは「緑のふるさと協力隊」にとどまらない。大規模化農業だけが北海道農業の将来像ではない。小さくとも光り輝く農業をみつけたいと、町の主婦たちと連携しながら規格外農産物の加工に励むニセコ高校生。大型店撤退による地域商店街の衰退は、私たちの仕事場の喪失でもあると、学校あげて空き店舗対策に取り組む岩手県水沢商業高校生。ここでは6年間の実績から、こんどは地元食品会社と共同で高校生による商品開発が始まり、成果をあげている。

ふり返れば戦後六十有余年。焼土と化した荒野に呆然と立ち尽くし、それぞれが必死に生きなければならなかった。誰もが豊かになりたいと懸命に働いた。やがてそれを手にした。たしかに豊かになった。だが何かが足りない。たしかに多くのものを得たのだが、失うものも少なくなかった。ときおり、心の中を空虚な風が吹き抜ける。「たった一度の人生を充実させたい」という言葉が痛切に響く時代になった。

モノの豊かさを追う時代には経済というモノサシがあった。しかし、心の充実を求める時代には単一のモノサシはない。それぞれのモノサシで生きる時代が始まったのである。それぞれのいのちの輝き、いのちのにぎわいに向けて生きなおす時代に入ったのかもしれない。それを受けとめる可能性のフィールドがグリーンライフなのかもしれない。

2 「自給」を自由と自立の土台ととらえる若者たち！

(1) 急ぐことはない、ゆっくりと行け

行くべき道は企業ひしめく都市への道しかないのだろうか。寒い風が吹く時代の交差点で若者たちが悩んでいる。「道は一本しかないのかもしれない」という不安が若者たちを苦しめ、それに続く子どもたちの心を暗くしている。いやいや、そんなことはあるまい。行くべき道は何本もある。たとえ行きづまったり迷ったりしても、引き返してまた別の道を行けばよいのだ。「勝ち組」「負け組」だと、バカなおとなが押しつける強迫観念などはサラリと流して、心に正直に道を選べばよい。「それでは人生は生きられない」と、人間のかたちをした金の亡者が世迷い言をふりまこうと、思う道を行

けばいい。人生には勝者もなければ敗者もいない。あるのは一度きりの人生を楽しく懸命に生きようとする人間がいるだけだ。とりわけ自然を相手に生きてきた農山漁村には、若者が探している本当の人間が暮らしている。行って、キミが思うところを話してみてはどうだろうか。

情けない話だが、私も40代の終わりころになって、若者たちと同じ思いを抱え込んでしまった。苦しくなって出かけたところは東北の、故郷に似た村だった。祖父母たちのように、働き者だけがもつ、よい笑顔に出会った。あれこれ話すうちに肩の力が抜け、心がやわらかくなっていた。そして別れ際にかけられた言葉は今も忘れてはいない。

「お前たちの生きていく時代もきびしかろうが、急ぐことはない、ゆっくりと行け！」

以来十数年、私の東北村歩きの旅は、そんな人びとの暮らしぶり、生き方を学ぶ旅になった。気がつけば私も64歳。還暦を過ぎてしまっている。人からは、なぜお前は都市に背を向けて、小さな農山漁村の年寄りばかり追いかけまわしているのか、と訝《いぶか》られる。誰がおもしろくもないところにわざわざ出かけるものか。東北の小さな村には、何を犠牲にしても会いに行きたい「本当の人」がいる。それらの人びとと、火にあたり話をしていれば、心が落ちつきあたたかくなる。

当然ながらそんな日々を送っていれば、私もそんな生き方、暮らし方がしたくなってくる。ミイラ取りがミイラに。7年前、私も農地と家を買い求め、ささやかな農業をすることになってしまった。悔いる気持ちはつゆほどもない。なるほど入る金は少ないが、手ごたえがある。どんな仕事を犠牲にしても私は畑の上に立って暮らしたい。土の上に立てば心が落ちつきエネルギーが満ちてくる。

(2) 人はひとつの仕事だけで人生を生きるのではない

10年ほど前、東北の山村で老人たちの仕事歴を調べたことがある。遠くから農山漁村を眺める人には理解できないだろうが、農山漁村に暮らしているからといって農林業ばかりやって人は生きているのではない。時代の変化に対応しながら老人たちはさまざまな仕事をしてきた。農業ひとすじなどは皆無で、いくつもの仕事を合わせ技のようにこなして逞しく農山漁村を生き抜いてきた。１、２の例を紹介したい。

１９２０年生まれのＡさん。戦前はカムチャツカの缶詰工場で働き、１９４２年までは岩手の鉄工場。戦争にかり出されて満州へ。ようやく１９４６年に引き揚げて、昭和33年までは炭坑で働いたが、閉山に追い込まれて北海道へ。型枠大工として13年間働いた。だが、年をとると暮らすところは地元が一番。大工をしながら農業を続けている。むろん防犯、福祉、交通安全など、地域活動も10年以上に及ぶ。

１９１８年生まれのＢさん。１９３４年の東北大凶作の体験をもつ。16歳から出稼ぎに出て、戦前の10年間はボルネオあたりで沈没船の解体作業。その金をためて戦後は山林と田畑を買い、タバコ、アスパラガス……と栽培するが失敗。炭焼きでなんとかしのぐが、１９６０年からは製缶工場で、製造、事務、人事となんでもこなした。その間にも農業は忘れず、手にした農地を精一杯に活用してきた。そしてこの10年は、朝起きると毎日山に出かけ、シイタケづくりと山林の手入れ。天気のよい日は木に登り、遠くを眺めながら枝打ちをしている。これがなんとも気分がよいと笑っていた（Aさん、Bさんの事例は財団法人・東北開発研究センターの１９９３年調査より概略抜粋）。

農業だけでは暮らせないきびしい現実もあったにちがいない。戦争で断たれた夢も仕事もあったにちがいない。しかしどの老人たちも、いくつもの仕事をつなぎ合わせながら逞しく生き抜いてきた。そして自分の生涯の仕事をふり返るときの、生き生きとした誇らしげな表情が印象的だった。

人は、ひとつの仕事だけで人生を生きるのではない。

（3）「若者の人間力を高める」とは？

いつのころからだろうか、人の仕事を専業論で語るようになったのは。おそらく昭和40年代以降、利益共同体たる企業社会が定着してからのことではあるまいか。群馬県上野村に半定住する哲学者の内山節さんが指摘しているように、終身雇用、年功序列型賃金、企業内福利制度などの生活保証システムをつくり、人間関係まで企業のもとに管理し、擬似的共同体すなわち帰属拠点としての日本的企業社会が完成してからのことである。そしてそこからさまざまな価値観が流布され、人間を洗脳し続けた。人生を安定的に生きるには、まず安定した大企業に就職すること。そこに入るためには何よりもよい大学へ。そしてよい高校へ、中学へ。企業社会と学歴社会は連結して社会的価値観になった。「道は一本しかない」という考えは企業社会が強いるものである。会社を離れてお前の人生も生活も幸せもないぞ、と強迫するのである。会社人間になれ、人間になるな、会社に奉仕するのが人生であると、強引に逆転させたのである。

だが、その土台がゆらぎ始めた。ゆらぐ土台を必死で守ろうとして、企業社会は人間を切り捨てた。会社人間であることを強いてきた経団連は、その切り捨てを「会社人間から社会人間へ」の転換だとさえ強弁した。

切り捨てたのは内部だけではない。企業をめざしていた若者たちの門を閉ざした。受け入れてもその大部分は交換可能なパーツ労働力、すなわちアルバイトかパート、派遣、契約。フリーター１７０万人、ニート64万人とは、汲々として保身の城に閉じこもる日本型企業社会が生み落としたものである。若者の一部をとりあげて「引きこもり」などと憂えてみせるが、彼らこそが企業という密室に引きこもっているのではないか。

２００５年、霞が関という慢性的公的引きこもりの密室あたりで、「若者の人間力を高めるための国民会議」なる委員会が発足したことがあった。

私などにはまず委員会の名称自体が信じられなかった。もしこれが若者ではなく「女性」だったらどうなるのか。「女性の人間力を高めるための国民会議」？　徹底して人間という存在をなめ切っていながら、そのうそ寒い感受性の無気味さに気づかない霞が関の引きこもり族。会議開催報告は伝えている。「経済界、労働界、教育界、地方自治体、報道界各界のトップと有識者等、計26名の委員会からなる会議」であると。十数年前、「雇用の柔軟化」と称して正社員を激減させ、パート、アルバイトなどの非正規雇用を異常なほどに増加させておきながら、自分たちの切り捨てと引きこもりにはほおかむりして、若者の人間力の低下の問題にすり替えている。しょせんこの連中の人間力とは企業利益に奉仕する力のことで、それにみあった同様の薄っぺらい人間力によって議論される委員会であるように見える。

　だが、心配することはない。当の若者たちは、その見え透いた手口をとうの昔に見破って、お前さんたちの手先にはならないよと、さっさと本当の人間力を身につけるために、農山漁村へと旅立ってしまった。

　人の人間力は人によって培われる。経済を最大唯一の価値とする人間たちの中にいれば、そういう人間力が育つかもしれないが、若者たちが求める人間力は別のところにある。過疎地、へき地と言われながら、なお村にとどまり、農林漁業を手放さずに生きた人びとの人生観と哲学と暮らしの術を学びに、若者たちは続々と農山漁村をめざす。経済だけに頼れないこれからの社会を直感した若者たちが、経済だけを頼りにせずに村を生きてきた老人たちに、その胸のうちをたずねに農山漁村をめざす。その流れはもはや止めようがない。東北の小さな過疎と呼ばれる集落を訪ねた実感をもって言うならば、明らかに農山漁村にはこれまでにない変化が起きている。時代はすでに都市と企業を離れて、農山村と農的生活の再構築へと向かい始めたのである。感性豊かな若者は、その先導者である。

（４）農業の概念を広げる若者たち

　先導者である若者の一例を、私は新潟県上越市のＮＰＯ法人「かみえちご山里ファン倶楽部」に見

かみえちご山里ファン倶楽部の松川菜々子さん（東京都出身）

る。すでにここでは、これまでの農村農業概念では説明できない動きが始まっている。若者たちの力で農業が多彩に拡張され、農村の再生どころか、大いなる可能性すら生まれている。彼らがプランニングして実施している「山里体験プロジェクト」や「山里学校」の講義概要を見てほしい（表4－1）。そこにはこれまでのどんなおとなも描けなかった農村の資源活用と、それを推進する主体が見事にとらえられている。おそらく数年後には農山漁村再生プロジェクトのモデルとしてだけでなく、自治体や企業ではできない、真のＮＰＯ活動の先駆として時代をリードしていくのではないか。そう予感させるものがたしかにある。

さて、相変わらず農業や農村を貧しく、つらい暮らしとしか想像できない人びとよ。農村は若者たちによって変えられようとしているのである。そこは若者の一時的な避難の場所ではない。人生の自立の拠点である。彼らはまず、その第一歩を、自分の暮らしは自分でつくるという「自給」の基本を、その村を生きてきた老人たちから学んだ。老人たちの農村を生き抜く力。それは手の力、つくる力。ここにないものは買うのではなく自分でつくる。生活とは金であがなうものではなく、ここにあるものでつくりあげること。その上に立ってさらに可能性を高める。この自給する力を、貧しさゆえにと軽んじたのは豊かな経済社会であるが、若者たちは自由と自立の土台ととらえる。その土台の上に鍬をふるい土を耕し、彼ら自身の夢と可能性の種をまく。おそらく数年後、生産性という単一のモノサシに呪縛され続けた農業と農村が、その概念の翼を大きく広げて花

山の手入れをする刈払機の講習を受ける新井理子さん（埼玉県出身）

表4－1　山里学校の講義概要（例）

生きる力・心	生活技術（個の力・技術の習得）	食	農	稲作、畑作
			林	山菜・きのこ採取、栽培
			水産	川、海の漁
			畜産	家畜の飼育
			狩猟	生態、猟
			加工	解体、加工、調理
		住	林業	森林管理、伐採、製材
			大工	設計、施工、修繕
			木工・建具	設計、施工、修繕
			左官	土壁作り
			屋根	茅刈り、屋根葺き
			石工	設計、加工
			維持管理	掃除、雪掘り
		衣	栽培	カイコ、麻、綿
			処理	繊維、糸
			加工	デザイン、織物
		生存技術	薬草	薬草の使い方、採取
			あんじき	あんじき作り
			火おこし	火のおこし方
			水の確保	井戸掘り
	社会や自然とのかかわり学（個＋個＋個……＝社会、社会の中の生活技術、社会の中の自分の位置付け）	環境	自然環境	生態、水、四季
			人的環境	里山の環境
			地域の環境	桑取、中ノ俣、正善寺の環境
			環境問題	世界的問題、地域的問題、ゴミ、酸性雨、温暖化、森林など
			環境教育	基礎、実践
		自治	地方自治	行政の仕組み、取組み
			地域の自治	農村の自治、組織、結

生きる力・心		民俗	民俗学	衣食住、年中行事、信仰、生業、口承文芸、俗信、村落組織、人生儀礼
			地域民俗学	桑取、中ノ俣、正善寺の民俗学
		歴史	地域の歴史	新潟県、桑取、中ノ俣の歴史
		地理地勢	地域の地理地勢	新潟県、桑取、中ノ俣の地理地勢
		経済	地域経済学	中山間地、農村の経済
			環境経済学	環境税、環境ビジネスなど
		法	環境法	環境に関する法律
	生業（収入の得方）	組織経営学		企業、NPOの経営
		会計、経理	基礎	会計、経理の基礎
			実践	会計、経理の実技
		商品開発	商品製造技術	製材、設計、木工、炭焼きなど
			算用	原価計算など
			告知	広報、告知など
			マーケティング	調査、リサーチ、顧客獲得など
			販売	商取引、営業など
		パソコン実習	基礎	パソコンの基本操作
			実習	パソコンを使った、会計やポスター作りなどの実習
	自分でつくる学科	やりたいことを自分でカリキュラムをつくり学ぶ。 里山の魅力を発見し、体験する。		

ひらくのではなかろうか。

かつて「自然は寂しい」と宮本常一は言った。寂しいのは自然ばかりではあるまい。農村も都市も寂しい。男も女も寂しい。おとなも子どもも寂しい。あらゆるものが寂しさの中にある。しかし、若者という人の手が、まずは自然と農業と農村に加わろうとしている。40年の時を経て、宮本常一の心が若者にリレーされ、暖かくなろうとしている。

3　三澤勝衛「風土学」を、未来を生きる若者たちへ

(1) 村は人びとが何百年も暮らし続けてきたところ

山ひだに十数軒、海辺に数軒と、肩寄せ合うように暮らしている日本の小さな集落。そんな村々ばかりを訪ね歩いてきて思うことは、すべて大きいをよしとする戦後の都市化の流れのなかで、なぜ小さな村は今なお村として存在し続けていられるのだろうか、ということである。

この国ではこうした小さな村々は過疎地、限界集落などと呼ばれ、やがて消えゆく村としてとらえられ、ときに同情を寄せられたりもするが、実際に訪ねて行けば人びとの表情はおだやかで明るく、村のゆく末に大きなゆらぎを感じさせるものは少ない。そして村の歴史をたずねれば、たいてい２００～３００年の歳月を刻んでいる。

限られた耕地と、けっして恵まれた立地条件とはいえない場所で、なぜ人びとは何百年も暮らしを営むことができたのか。ふり返れば今から１４０年前の明治元年、日本には３０００万人の人びとが暮らしていたが、その９割の２７００万人は小さな村に居を構えていた。村の平均的な規模は戸数にして60～70戸。人口は１村当たり３７０人前後。そんな小さな村が明治21年には７万１３１４もあった。いわばたくさんの小さな村の集合体が近代日本の始まりであった。都市や町に住む人間は全体の１割ほどにしかすぎず、村の自立的連合体として近代日本はスタートしたのである。むろんその後、明治・昭和・平成の大合併によって、それぞれ１万５０００、３４００、１８００ほどの市町村に統合されてしまったが、それはうわべの括りだけのことで、原型としての村は、戸数・人口ともに減少したとはいえ、なお集落として生き残っている。

１２０年を経て村を村たらしめる持続可能な力とは何か。世界同時不況によって都市生活の生存条件さえ危ぶまれるなかにあって、村の家族を何代にもわたって支えたものとは何か。人が生きる暮らしの器としては決して大きくない土地で、人びとはどのようにして生きてきたのか。そのヒミツを知りたいと思っていた。それが三澤勝衛*の風土学を読むことで、そのナゾのひとつがとけるような気がした。

＊三澤勝衛（みさわ・かつえ）　１８８５（明治18）—１９３７（昭和12）年。長野県更級郡更府村（現長野市信更町）の農家に生まれ、尋常高等小学校卒業後農業に従事しながら独学、小学校の代用教員に。その後検定試験に合格し地理科教員免許を取得、１９２０（大正９）年長野県立諏訪中学校（現諏

訪清陵高校）教員。「自分の目で見て自分の頭で考える」教育の実践と、独自の風土の思想を確立し、風土に根ざした産業・暮らし・地域づくりに生涯をささげた。

（2）三澤風土学が問いかけてくるもの

三澤勝衛によれば風土とは、大地と大気の接触面における総合的な地表現象である。大地といえども平地、窪地、傾斜地などの地形のちがいがあり、土質も粘土質、礫砂質などによって一定ではない。大気もまた雨、雪、霧などによって乾湿が異なる。そして三澤は、風土は気候でも土質でもなく大気と大地が触れ合ってできる化合物であるという。当然ながら、ひとつとして同じ風土はなく多様である。この地表現象は分析科学的には解明することができない総合的なもので、それをとらえるためには現場現地に足を運び、しっかりと観察する以外に手だてはない。

こうした地表現象としての風土に素直に反応するのは植物である。たとえば1本の柿の木。その枝はなぜ曲がっているのか。それはその土地に吹く卓越風の存在とその強弱を示している。そして柿の木に付着しているコケの位置に注目すれば、その高低によってこの土地の乾湿の状態がつかめる。ならばこの土地に適した作物は何がよいのか。いわゆる適地適作という農業の基本は何をおいてもその土地の風土の把握から始めるべきではないのか、と三澤は説く。

風土の発見とその活用は生産領域だけにとどまらない。陽当たり、風向きなどを見きわめた家屋敷や物干場、貯蔵施設の配置。さらには屋敷内における自給の果樹の植える場所など、生活領域における風土活用の考えはすみずみにまで及ぶ。かつて私は仙台市近郊に残る農家の屋敷林イグネを調査した。１５００坪に及ぶ屋敷内には、堀、井戸、洗い場などの水系。母屋、馬小屋、鶏小屋、灰小屋、ヌカ小屋、木小屋、作業小屋。木倉、味噌倉、漬物小屋、風呂、便所などの家屋施設。野菜畑、苗床、堆肥置場。作業場としての庭と屋敷をとりかこむ２５０本の樹木。そのひとつひとつに、なぜそれがここにあるのかの問をかければ、ひとつひとつに理由があった。そしてその多くが、その土地を３００年にわたって生きてきた人びとの風土の声に耳を傾けて得た答えがあった。

　その調査は16年ほども前のものであるが、三澤の風土学を読みながら、そのときに得た静かな感動がよみがえってきた。そして３００年間、ひとところに居を構え農の営みで生き抜いてこられたのは、たんに農地の大小や立地条件の問題だけではなく、たとえ限られた土地であれ、そこに内在する多様な風土の特性を生かす人の知恵があったからだとあらためて知る。

　三澤の風土学は何度も何度も問いかける。

――要は土地利用ということは、一方はそこの土地に訊き、一方はその作物なり家畜なりに訊いて、その両者のもっともよく調和する、言い換えれば、もっともそこの、その自然に近い形におく。

――いやしくも川の工事をしようとするものは、まずそれをそこの川に訊き、山の仕事をしようとするためにはそこの山に訊いて、その言葉に従ってするということが、いわゆる成功の捷径でありましょう。

――雨も、雪も、風も、寒さも、さては、山も河も、なにも自然という自然に悪いものは一つもないはずであります。善悪はただ人間界だけの問題であります。

（3）なぜ三澤の言葉が心に響くのか

三澤勝衛の風土学の言葉はなぜこうも私の心に響くのだろうか。それはおそらく、私が訪ね歩いて聞いてきた農山漁村に暮らす人びとの言葉に近いからではないかと思われる。とりわけ農山漁村の女性たちの暮らしと土地柄を語る言葉とつながる。たとえば宮城県旧北上町の女性たち。40年前に嫁いできた老婦人が若き日をふり返って語る。「ここは金がなくても楽しく暮らせるところ、安心して子育てができるところ。フノリ、マツモ、ヒジキ、ワカメ、テングサ、ウニ、アワビ……。海からのごちそうが次々にやってくる。こんな小さな入江でも、ここは私らのデパート。春夏秋冬、とれたてのおいしいものが食卓に並ぶ」と、風土のよさと暮らしやすさを語って尽きることがない。

それなのに多くの人びとはこの町を人口少なく、産業や商店らしきものがないとして「何もない町」と呼ぶ。都市の基準で農山漁村をとらえてはならない。金のモノサシではなく風土と暮らしのモノサシでとらえよ！　北上町には三澤風土学を今も生きる女性たちが、海の声を聞き、山にたずね、川に耳を傾けながらおだやかな暮らしを営んでいる。

今なお暮らしの風土学が生きている日本の農山漁村ではあるが、相変わらず多くの人びとはこれらの村を過疎、限界集落などと、ともすれば負のイメージでとらえがちである。ときあたかも世界同時不況で閉塞感漂う現在、どこか昭和恐慌に似た雰囲気さえ感じるが、そんな時代の戦前昭和、地方の疲弊と財政難を背景に「自立更生運動」の名のもとに農村工業の導入と満州移民の政策が進められた。その風潮に対し三澤は「満州に行くな、村に残って、わが足元の自然と風土を見つめ直し、ここで生きていく手だてを築こう！」と呼びかけた。「自立更生」ではなく「自然力更生」。その声は現代日本にあっては「都市にとどまるな、村で楽しく暮らせるぞ！」と私の胸には響く。

（4）三澤風土学を手に村と農地を見つめる

都市を離れて農山村に向かう若者たちの動きはもはや一時的な現象と片づけられないほどに本格的な流れになろうとしている。むろん若者として悩みながらの暗中模索の道ではあるが、彼らはあきらめずに農山村をめざしている。すでに政治と経済に希望を託すものなく、長き人生をどこで生きるかを思案模索しながら、日本の農山漁村に可能性を見出そうとしている。しかしながら向かう若者にも不安は多い。生まれも育ちも都会。村の生活のイロハも知らない自分たちに本当に農業はできるのか。どんな農村の、どんな土地がよいのか……。

そんな迷い惑う若者に私は三澤の風土学をすすめたい。三澤は言う。

「風土に優劣はない。どんな風土にも生かす手だてがある」

「土地は広くなくても心配ない。土地を立体的に生かす方法もある」

「日陰でも十分育つ植物はある」

「やせ地でも育つ作物はたくさんある」

「雪を生かし、風を生かせ。工夫しだいで風土の可能性は大きく広がるぞ！」

三澤風土学を読めば一反歩の農地が三反歩、いや一町歩の広さにも感じられるかもしれない。むろん、知識をため込むことがよい学びであると教えられて育った若者たちにはすぐに三澤風土学は理解できないかもしれないが。

三澤風土学の学びを私流に受けとめるならば、「知るために学ぶな！　使うために学べ！」ということになろうか。使うとは、生かすための学びのことである。生かす力が生きる力になるのである。日本国際地図学会会長の中村和郎氏によれば、高校の教師だった三澤はつね日頃、生徒たちに①まずはその場所に行ってみること。何度も足を運び、時系列的観察と考察が大事であること。②先入観を捨てて観察すること。そしてその事実から考えること。③諸現象の相互関連性をとらえて多面的に考えること。自分で考える力をもつことが生きる力になる、と力説したという。

自然から限りなく遠ざかってしまった都市の時代にあって、「風土」という言葉はメタファーと化し、実質実態を失ってしまったが、村を生きる場所と定めた若者たちにとってはメタファーであってはならない。三澤風土学を片手に生きるべき村と農地を見つめてほしい。村をつつむ水と風と光と土の、風土の力がその総合力として必ずやその人生と生活を具体的に支えてくれるはずである。三澤風土学を未来に生きる希望の書として若者たちに贈りたい。

第5章　各地の「地元」を訪ねて

1　田畑、家屋はつぶせても、人の気持ちはつぶせない
――新潟県川口町（２００６年11月）

（1）二重の激震

誰もがこぞって高度経済成長期の夢を追いかけていた昭和40年代。日本の農山漁村から次々に人が流出し、山野田畑から人影が消えた。荒れていく農地。手入れされなくなった山林。打ち捨てられたままの浜の小舟。そんな風景と、村を離れて都市へと急ぐ人びとの後姿を見送りながら、民俗学者、宮本常一は、生涯の４０００日を農山漁村の旅に生き、そこに暮らす人びとを応援してきた。その彼が味わわねばならなかった豊かな時代とは裏腹の、深い寂寥感。だが、立ち止まってばかりはいられ

なかった。心の重さを振り払うように、宮本の足は再び農山村に向かっていた。そしてひとつの村に出会った。

――先月中旬に新潟県小千谷近くの山古志という村まで行った。丘陵の起伏するところで、平地というようなものは見出せない。それでいて、たんぼは実によくひらけていて、棚田が山の8合目あたりまで重なっている。稲のできばえも美しい。ここに住む人たちはみな勤勉で、心の美しい人たちがそろっている村なのであろう。（中略）村の中の高い山の上にあがると、南には越後山脈の連峰がつらなり、北から西にかけては広々とした越後平野がひろがり、その向うには日本海が見える。こんなに古きよき日本の村がここにはひっそりと残っていたのかと心をうたれた。こういう村をいつまでもこのままにしておきたいと思わずにはいられない（「古きよき村」）。

私も宮本常一の言葉に導かれて山古志を訪ねたことがある。たしかに変わることなく勤勉で、心の美しい人びとが暮らす暖かい村だった。

だが、２００４年10月23日17時56分。この村を悲劇が襲った。新潟県中越地震。未曾有の激震が一瞬にして暖かい村を地獄の村へと突き落とした。正視できないほどの惨状がテレビに映し出された。山古志の信じられない姿がそこにあった。過疎、高齢化、豪雪、離農、限界集落など、日本の山村が抱えるあらゆる課題を背負いながら、なお生きようとする山古志に、何ゆえの天の悪意か、壊滅的打

いたるところに見られる山崩れ。コンクリートの包帯で手当てする

撃が振りおろされた。家も山も田も畑も。道路、電気、水道、通信など、あらゆるライフラインが無残にも破壊された。そして追い打ちをかけるように19年ぶりの豪雪。降りしきる重い雪が完膚なきまでに暖かい村を押しつぶそうとしていた。もう二度と、この村に人が住むことはあるまいと思った。

　あれから2年。山古志はどうなったか。気になりながらも村に入る手だてがなかった。寸断された道路復旧工事も懸命に行なわれているが、通行規制が続いていた。避難指示が解除された集落から帰村が始まったと聞いたが、まだ4分の1の世帯に満たなかった。復興への一歩を踏み出したことを喜びながら、しかし出かけていく気にはなれずにいた。

　そんなとき、中越地震の震源地が人里離れた田んぼの真ん中であることを知った。そこは山古志の隣、川口町にあるという。さすがに昨年は田が傾き、あぜが崩れ、山からの水も止まり、使いものにならなかったが、1年かけて修復し、今年5月に田植えにこぎつけ、そのイネ刈りがもうすぐだという。

周知のとおり、日本の米づくりが激しくゆさぶられている。生産コストを下まわるほどに下落した米価。加えて2007年からは農地の大小を基準にした農家の選別によって、大多数の小農が切り捨てられようとしている。「戦後農政の大転換」の号令のもと、国を震源とする農地への激震が日本の農村をゆさぶっている。二重の激震を受けて魚沼産コシヒカリの村はどうなってしまうのか。他人事ではいられない。私の息子も、わずか40aに満たない小さな田んぼだが、長雨、日照不足、台風に悩まされながら、ようやく稲刈りをむかえようとしている。彼と一緒に北魚沼郡川口町の田んぼへと向かった。

(2) 山に暮らす第一の流儀

中越地震の震源地、川口町では住宅の4割が全壊。死者6人、重軽傷者62人。9割の家が被害を受けた。昨日までそこにあった山が消え、地すべり、崖崩れ。道路の陥没、崩落。田畑は地割れ。そして土砂で埋まった。いたるところ傷ついた大地に施された応急手当ての包帯が痛々しい。地底から突き上げられ浮き上がったままの家屋と小屋。めくれあがったトタン屋根。屋根に取り残された雪降ろしのハシゴ。仮設住宅から家族の帰還を待つ無人の半壊の家々。すでに2年がたつというのに、まだむき出しの被害が残る川口町。そんな中に、傾いた家を支え起こし、倒れた小屋の廃材を打ちつけたのか、懸命に応急手当てをした1軒の木造住宅があった。部屋の中にかすかに灯るあかりと人の気配に、思わず胸が熱くなる。

集落を抜けて谷筋の細道をさらにたどれば、もうここからは行き止まり。遠く峠越えの山道を何台もの重機が、いつ終わるとも知れない工事を続けている。引き返そうと、ふと見上げれば、山崩れの土留め工事か、赤茶けた土の造型が見える。駆け上がれば――田んぼだった。山の斜面のわずかなすき間に、人知れず再び築かれた細長い田んぼ。2枚あわせても1反歩に満たない小さな田んぼが、これからもこの土地で生きていくぞ、の静かなる意思表示。むろん国のため、国民食料のための米づくりではない。これからもここで生きていく家族のための、人の手が加わった暖かい田んぼである。買えば手軽に安く手に入る時代に、なぜ人は労苦の多い米づくりをするのか。そして川口町の田は再び修復されたのか。それは、山に暮らす第一の流儀が生きる基本の土台を人と金にゆだねないことだと、あらためて知る。やがて雪どけの春、山に降った天水を集めて田んぼに引き入れ、家族みんなでこの田に緑の苗を植えるのである。

（3）雪は毎年降るよ、これからも

山の小さな田んぼに再会を誓って別れを告げ道を下れば、棚池で錦鯉の稚魚を世話する初老の夫婦がいた。夕暮れ間近な静かなひととき、向かい合っていっしんに作業する後ろ姿に災害を忘れさせる

崩れた棚池を修復してようやく稚魚を育て始めた

坂道を家路へと急ぐ88歳

おだやかな日常が漂っていた。むろんこの地も地震で底が抜け補修には苦労をしたが、再開したのは「山里の数少ない収入源」だから。それを応援してくれるのが山の腐葉土の栄養をたっぷり含んだ「水肥やし」。それがあるから米を育て、鯉を育て生きていけるという。

山の水肥やしが育ててくれるのは米や鯉だけではない。数年前まで養鯉池だった田を畑に切りかえ家族の野菜を育てる老女に会った。杖をつき、ゆっくりと畑を見廻っていた。声をかければすでに今朝は秋ナスを収穫して町の市場へ出荷したという。地震についてたずねると「親類のいる山古志では大変だった」と己が被災よりもまず他者を気づかうその心。地震についてはそれ以上は語らず、話はもっぱら育てた野菜のことばかり。それにしても、人はなぜ作物を語るとき、このような優しい笑顔になるのか。ときおり、土を離れて勤めに出る世相を愚痴りながら、「耕していればおだやかに生きていけるのに」と笑った。

別れ際に「また雪の季節がきますね」とたずねれば「そりゃあ、おめえさま、雪は毎年降るよ。生まれて88年、これからも雪は積るよ」とまた笑った。この里を生きてきた。そしてこれからも、この里で生きていく。そう聞こえた。

夕暮れせまる気配を気にしながらも、通りすがりの人間にさえ「お茶でも差し上げねば」と気づかう老女。その心づかいに頭を下げて辞去すれば、ならばと畑に引き返し、今日の夕餉の汁の実にとナスの2、3個をもぎとって、ゆっくりと家路をたどっていく。坂道を帰っていく老女の後ろ姿が語りかけている。「田畑、家屋はつぶせても、人の気持ちはつぶせないよ」。川口町もまた、勤勉で、心の美しい人たちがそろっている村だった。

2 「いい人足になりましたなあ」
——福井県池田町魚見（2007年1月）

(1) 古風に、律儀に

1年半ほど前、福井県の山村に暮らす老人から子どもの頃の思い出話を聞いた。

「ひと気のない家に帰るというのはなんともさびしいものですな。小学校から戻ってくると、いつものように誰もいなくてガランとして。遊びに行こうとカバンを放ると、上がり框に布巾をかけた笊が置いてある。中には蒸しいも。おやつですな。そしてそばには母親の置き手紙。『○○の畑にいます』とだけ書いてある。あれには参りましたなあ。野良で働く母親と祖父母たちの姿が目に浮かび、遊びたい気持ちにブレーキがかかる。

誰もが身体を精一杯に使って働く時代でした。子どもとて水汲み、薪ひろい、牛の世話など、自分だけが遊んではいられない。そんな雰囲気が農村にはありました。ましておやつに託した母親の気持ち。で、結局、私も畑に向かうことになります。植え付け、草取り、収穫、運搬と、畑にはいくらでも仕事はありました。ようやく手伝い終えてホッとした気持ちと、遊べなかった残念さ半々の気分をかかえて家族一緒に夕暮れの道を帰っていくと、同じように野良や山から家路を急ぐ村人と出会い、あいさつを交わします。すると、牛に食わせる刈り草を背負っている私の姿を見て、近所の人がこう言うんです。

『いい人足になりましたなあ』と。

人様から一人前だとほめられたような気がして、子ども心にも嬉しかったことを今でも覚えています」

ほめられて顔をあげ、おだてられて仕事を覚え、人はそれを励みに生き暮らしていくのではあるまいか。そうなりたくて懸命にもがいてみても、なかなかいい人足になれない今の世の有様を思い、山の老人が語る子ども時代の話は、ことさらに心にしみた。人はいかにして山村に踏みとどまり農を営み、一人前になろうと人生を生きてきたのか。もう一度あの老人の話が聞きたくて、福井県池田町魚見を訪ねた。

谷筋に沿って53戸１７４人が暮らす魚見集落。変哲もない農村風景ながら、ひと回りしてみて、生きるべき村の基本がしっかりと積み上げられていることに気づかされる。

よく手入れされた杉木立の山を背負って住居が並び、中心を川が走り、そこから引き込まれた水路が路の両側に生活用水として流れている。広くはないがみな自家用の野菜畑をもち、少し離れたところに田んぼがある。屋敷内には丹精された庭木と土蔵と小屋。そして先祖代々の墓所が住まいと同居している。神々を祀る社。道分かれの地蔵尊。集落の中心には、村人集う心の拠り所、浄土真宗の道場がある。水・風・光・土の、風土の要素を巧みに生かした村のたたずまいを見れば、なぜ人がここに住みつき、何百年もの歴史を刻んできたのかが、おのずと伝わってくる。気になるのは耕地の少な

軒下に積まれた薪。これでもひと冬分には足りないという

さ。おそらくは出づくりと山仕事でその不足を補ってきたのだろうか。今なお田の畦畔に大豆を植える古風の営みが律儀に守り通されている。

前日に今年二度目の霰が降り、冷たい時雨が夜半まで続いた魚見集落。いよいよ冬近し。人びとはつかのまの晴れ間をぬって冬仕度に余念がなかった。まずは家屋敷の雪囲い。「ご精が出ますね」と声をかければ、にっこり笑って「いやいや昨年は3mもの大雪で難儀をしました。今年は庭木にもいっそう頑丈な囲いをつくってやらねば」と鉢巻を締め直すご主人。かたわらでハクサイとカブを洗い、漬物の準備をする奥さん。老夫婦の背中に冬の陽ざしが降りそそいでいる。

魚見では今も冬の暖房は薪が中心である。間伐した木を切りそろえ、どの家にも薪が軒下にうずたかく積み上げられている。すでに白い煙がたち昇る家も多く、冬到来を感じさせる。寒さにせきたてられ、今日はどの家もいっせいにダイコン干し作業。抜いて運んで水路で洗い、家々の軒先が白く輝いている。やがて雪のちらつく頃に漬け込みとなるのだろうか。今では珍しくなったコンニャク芋を冬越しに備えて天日に干す老婦人がいる。聞けばコンニャク芋は魚見の昔からの産物で、もうすぐやってくる親鸞聖人の徳を慕う行事、「報恩講」には欠かせぬ食材だという。律儀に古風を守る村人の人柄が伝統の味を絶やすことなく受けついでいるように見うけられる。

畑で、庭先で、水路で、いっしんに立ち働く人びとの間を通り抜け、ようやく件の老人、宮本信竟さんの居宅を訪ねた。柔和な顔が微笑んで待っていてくれた。

宮本さんの1日は毎朝6時、薪でその日使う分の湯をわかすことから始まる

話はまず魚見の暮らしの暦から始まった。4月の遅い雪解け。5月のコンニャク芋の植え付け。田植え。春蚕、秋蚕の忙しさ。夏の醤油仕込み。日々の野菜づくり、牛の世話。秋の稲刈り。炭焼き、山仕事。長い冬の縄ない。ワラジとムシロづくり……。そのひ

とつひとつを語るたびに信竟さんは遠くを見つめる目になった。水田6反、畑2反、山林8反。けっして広い耕地ではない。しかし、それを土台にここを生きてきた。「それでも来年の食の保証はなかった。天明天保の飢饉で魚見では6分の1の人が死んだそうです。――やった人にしかわからないかもしれませんね」と目を伏せた。

「そうそう、いい人足の話でしたね」。思い返して信竟さんが話し始めた。

「人足とは人手不足のときに頼む雇い人のことですが、魚見ではたんなる雇い人ではなく、山をまかせ田畑をまかせられる優れた能力をもつ仕事人を言います。信頼できる仕事人、それが『いい人足』です。私の家ではありませんが、大きな家には『いい人足』がいました。子ども心に覚えていますが、夕暮れ、人足さんが帰ってくる。背には2束の大きな刈り草。それを牛に食わせて人足の1日の仕事が終わります。それを見計らって当家の『おかっつぁま』が、『ご苦労でしたのお』と、お盆に盛々と注いだコップ酒を『さあ、おあがんなさい』と差し出す。『これはこれは』と拝んでいただくコップ酒。毎日湯に入れるわけではない。せいぜいたらい湯で1日の汗をふくだけの人足の暮らし。しかし、激しく働いた1日の終わりに待っている心尽くしの1杯。庭先で、ゆっくりといただく盛々の酒」

その人足の至福の顔と庭先の風景を、信竟さんは今でも忘れないという。

（2）現代の「おかっつぁま」に会う

「おかっつぁま」とは一家を切りもりする主婦のこと。家事一切を取り仕切る権限に、主人といえども口を出すことはできなかったという。「おかっつぁま」は家族と人足の分けへだてをしなかった。働く者を尊ぶ精神を信竟さんはそこから学んだという。「そんな大人になりたい」。遊び盛りに野良仕事を手伝い、その帰り道にほめられた「いい人足になりましたなあ」の言葉。その言葉と姿を胸に信竟さんは魚見の日々を生きてきたのではあるまいか。

「現代の『おかっつぁま』はどこへ行けば会えるでしょうか」と信竟さんに聞いてみた。紹介してくれたのは魚見のコンニャクづくりの名人の２人の「おかっつぁま」。急な願いにもかかわらずコンニャクづくりを実演してくれた。

すべてがコンニャクの粉からつくる時代に、育てた芋で、ゆでて、つぶして、こねてつくる、まじりっ気なしの伝統手づくりコンニャク。２人の手の大きさと節が作業の労苦を物語っていた。その手で、冬なのに汗をかくまでこねてつくった魚見の「おかっつぁま」のコンニャク。弾力と歯ごたえ、そして味わい。今まで食べたどのコンニャクよりもおいしかった。

たくさんの信竟さんや「おかっつぁま」が働き暮らす村、魚見。そして魚見のような集落が38集まって暮らす池田町。人口３５００人弱。福井県下一の高齢化率。多くの自治体が財政難をかかえて合併に走るなか、この町は単独自治の道を選んだ。なぜなのか？　そのわけが知りたくて町の役場を訪ねた。小さな町は小さな村同様に、人と人との距離が近い。意外にも町長が気軽に応待してくれた。県下一の高齢化率、そして小さな過疎の町。なぜ合併しなかったのか？

にっこり笑って若い町長が言う。

こねたコンニャクに湯を加えてさらに練っていく。冬なのに汗がふき出る

「町民が口々に、『今までもやってこれたのだから、これからもみんなの力を合わせてやっていけないものか』と言うんですよ。私とて同じ思い、断わる理由はありませんでした。むろんきびしさは覚悟しています。しかし、映画のセリフじゃありませんが、〝戦わずに、滅びるを待ちはしない〟そんな気持ちでいます。幸いこの町には霞が関や県庁をやめ、こんな小さな町でも一緒に頑張りたいという、そう、いい人足の職員がたくさんいます。やれることは何でもやりますよ。まだまだ農村には力があります」

暖かい優しい心だけがあるのではない。小さな町には、時代の冬を乗り切る意地があった。

3　時代を生き抜いた食に寄せる思い
――鹿児島県霧島市山ヶ野（2007年7月）

(1)「やけにわこ」の由来

女性たちが日々の台所でつくり続けてきた家庭料理を1品ずつ持ち寄り、育てた食材や調理の工夫、さらにはその料理にまつわる思い出などを確かめ味わう「食の文化祭」。1999年、東北の小さな町で始まったこの試みが静かに全国に広がり、今では九州だけでも30か所ほどの地域で開催されているという。近頃は、東北でこの活動に少しくかかわる私のところへも遠方から声がかかる。4月下旬、鹿児島から「うちの料理も食べてみませんか」と誘いの手紙が届いた。たまには薩摩の家庭料理も悪くはない。いそいそと天孫降臨神話の里、霧島市の会場へと向かった。

九州に限らず、「食の文化祭」に出品される料理は、それ自身の味もさることながら、レシピに添えられた女たちのメッセージが隠し味になっていて、つくった人の思いがよいダシとなり深いコクを醸し出している。

たとえば霧島市の谷山康子さんの「高菜のおにぎり」にはこんな言葉が添えられている。

「『やすこぉー、きよみぃー、さとるぅー。母ちゃんたちゃ、畑ん、行ったくってねぇ。おやつは、高菜ん握ぃ飯があってねぇ』。私たち3人はおやつの時間まで待てずに『がぶっ』……。『やすこぉー、

「やけにわこ」の料理は、集落に受け継がれてきた器に盛られていたが、器は今は失われている

きよみぃー、さとるぅー……』。高菜んにぎめし、作ったび、今はおいやらん母ちゃんの声が聞こえます」

家族の思い出が詰まっているのは谷山さんの料理ばかりではない。97歳で亡くなった母が、食料難の時代に乾麺を増量して炊いてくれた「うどんごはん」。昭和19年、特攻隊として出撃する夫のために若い妻が、砂糖がないので干し柿を練ってつくった「おはぎ」。黒豆を植えながら収穫を待たずに逝った母。保存していた黒豆を10年後に思い出し、もしかしたらとプランターに播いたら2本が芽を出し実をつけた。黒豆の生命力と母への思いをこめて娘が炊いた「黒豆ごはん」。並べられたどの料理にも時代を生き抜いてきた家族の物語と、食の喜怒哀楽が伝わってくる。

そんななかに「にわといじゅい」という鶏汁料理があった。添え書きには「横川町の山ヶ野金山に伝わる『やけにわこ』の料理です。鶏肉が各戸に平等にゆきわたるように串に刺してありました。物のない時代を生きた昔の人の智恵を伝えたくて作りました」とある。出品者は金田美津子さん。私と同い年の昭和20年生まれ。なんとなく親近感を覚え、

「やけにわこ」とは何か、なぜ平等に配られるようになったのか、そして「山ヶ野金山」の現在は?

そんな質問に答えて金田さんは「山ヶ野は江戸時代に発見された金山で、薩摩藩の財政を救い、私が小学生の頃に閉山されるまで３００年も続いたそうです。山ヶ野は今では小さな村ですが、かつては2万人もの人が住む町だったと聞いています。それがしだいに金がとれなくなり、次々に人びとが金山を離れていくようになったある日、山ヶ野を大火が襲いました。すべてを失った村人が再び火事を出さないようにと始めたのが『やけにわこ』だったそうです」。金田さんの話を聞きながらさまざまな想像がかきたてられた。77万石の城下町鹿児島の当時の人口が6万人だったときに2万人もの人びとがひしめいていた山ヶ野集落。それはもはや村ではなく江戸時代の大都市のひとつである。その栄枯と盛衰。そして衰退する山ヶ野を襲った悲劇と、そこから始まった「やけにわこ」(焼庭講か?)。「そのなかにはこれからを考える大切な何かがあるように思うんです」と、力をこめる金田さんは、5月になったら集落の年寄りたちを集めて「やけにわこ」の料理を再現してふるまい、その思い出話を聞く予定だという。できれば私もその話を直接聞いてみたい。そして「大切な何か」を確かめたい。

再び5月中旬、霧島市へと向かった。

(2) 夢からさめてのちにも人生はある

肥薩線、大隅横川駅。１００年以上の時を経て、明治36年開業当時の建物を今に残すこの駅舎のプラットホームには、世の中には忘れてならぬことがある、とでもいうかのごとく、機銃掃射の弾あとが無言の思いを問いかけている。今は無人となったこの駅舎を、かつてどれほどの人びとが一攫千金の夢を求めてくぐり抜けていったのだろうか。その大隅横川駅から30分、車ひしめく県道をそれて山ヶ野に向かう小道を歩めば、騒音は木々の緑に吸収されてかまったく消えうせ、たちまち別世界の空気と時間がゆるやかに流れ出す。山ヶ野集落は人口１３０人、77世帯、7割近くが高齢者だという。どこか東北の山村を思わせるなつかしい佇まい。村の集会所では金田さんと、件の「食の文化祭」を主催した千葉しのぶさんが待っていてくれた。金山のことなら、と案内を買って出てくれたのは、山ヶ野金山の保護と活用を熱心に進める有川和秀さんと吉川詢さん。なんとも心強い人びとが同行してくれた。

山ヶ野金山は寛永17年、宮之谷の領主島津久通によって発見された。財政難に苦しむ薩摩藩は藩内外から2万人もの人を集め採掘にあたらせた。しかし露天掘りによる大量の産金量に幕府はあわてて1年で中止の命令。13年の中断の間に金山奉行、運上金制度など体制を整えて再開、金山に活気が戻った。山ヶ野にはところせましと役所、施設がひしめき、33もの町が形成される。米屋、酒屋、旅籠屋などあらゆる商売が営まれ、薩摩唯一の遊郭、人形浄瑠璃などの芝居小屋まであり、山ヶ野は１万２０００人の都市として活況を呈した。有川、吉川さんらの調査によれば、山ヶ野で消費された食料品は年間36億円にもなったという。

明治になり産金量の落ちた金山は、西洋技師を雇い、新しい製法と工場施設の整備で再び活気を取り戻すが、資源には限りがある。昭和に入って激減。加えて自然金の流出、盗難事件の発生、戦時下の休山命令。戦後に再開を企てるが産金振わず、ついに昭和28年閉山。三百余年の歴史を閉じた。やがて人びとは新たな夢を求めて高度経済成長にひた走っていく。そのかげで次第に忘れられていく山ヶ野。金山奉行所跡、山先役居宅跡、精錬所跡、３００の水車で鉱石をくだき、無数の石臼で砂金にしていた仕事場跡。その石臼で築かれた門柱や石垣。１日掘っても１尺も掘れない無数の自稼掘坑跡。その自稼請負人たちの信仰を集めた山神社。浄土宗、禅宗、法華宗など住民の出自を物語るさまざまな寺院跡。関所、牢屋、遊郭跡と供養塔。あらゆる人間の欲望と喜怒哀楽をるつぼに入れたような山ヶ野金山の歴史。その足跡を案内してもらいながら、よぎる思いは月並みだが、「夏草や　つわものどもが　夢のあと」だった。人の世の栄枯盛衰。だが、金に心を奪われる人間の煩悩を笑える者はおるまい。誰もが豊かさの夢を追いかけていく。しかし、夢からさめてのちにも人生はある。いや、それからの生き方、暮らし方こそが大切なのではあるまいかと、静かに問いかけているのが山ヶ野の「やけにわこ」ではないのか。「稼ぎ」から「暮らし」へ、そして人のつながりへ。

「子どもの頃は山神社が遊び場だった」と金田美津子さん

女性たちの食の思い出話は尽きない

後退を余儀なくされた金山暮らしのなかで大火に見舞われた山ヶ野の人びと。すべての財産を失い呆然と焼け跡に佇む村人。雨風しのぐ家もまとうべき衣服も食らうべきものとてない焼け野原に、タケノコが顔を出し春の山菜が芽生える。それらを煮合わせ、つぶした鶏を小切りにして串に刺し、分けへだてることなく配られる「にわといじゅい」。少ない肉だがひとつの共食。再び立ち上がるための食事だったのではあるまいか。

(3) 来年もおじゃったもんせなあ

金田さんたちが用意した「やけにわこ」の料理を食べながら、90歳になる老女が言う。「昔のことを考えたら、涙が止まらないよ」と目を潤ませた。そして「だけど」と気を取り直し、「昔を考えたら、今の暮らしは万、万歳だ」と両手をあげておどけてみせた。

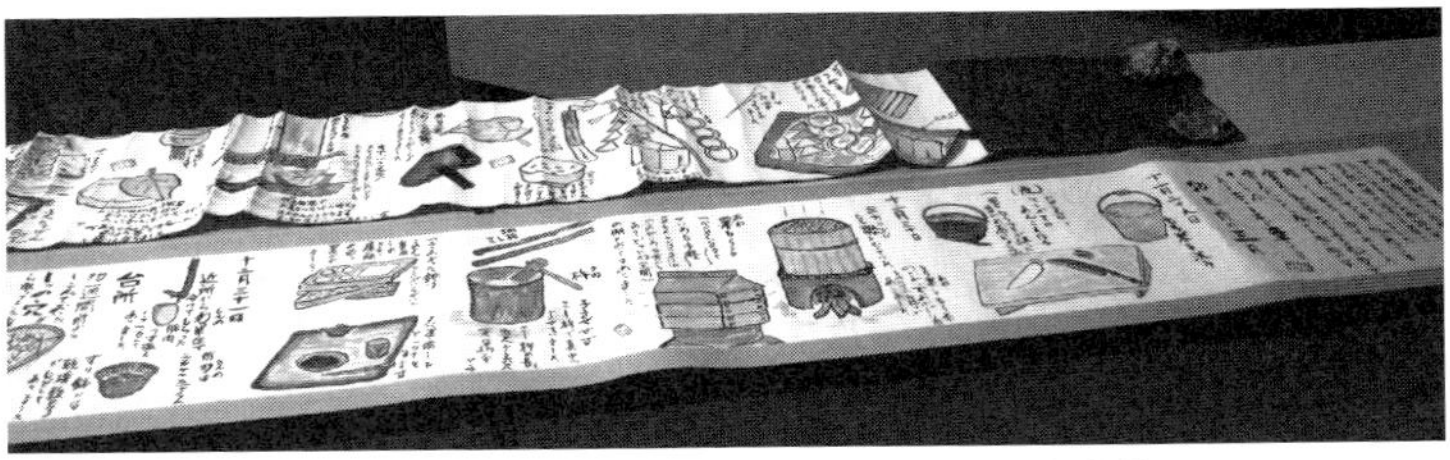

金田さんが50年前の食生活を描いた絵巻物

金田さんが「貧乏だったからこそ心に深く残った、うれしい食の思い出です」と2巻の絵巻物を見せてくれた。それは山ヶ野金山閉鎖前後の1年の食暦が母の言葉とともに描かれていた。盆送りの晩に仏様に供えものをしながら金田さんのお母さんがつぶやいている。

「たいしたことも出来もはんじゃったどん、来年もおじゃったもんせなあ。気いつけて戻いやったもんせ」

その母のつぶやきを62歳になっても忘れぬ娘。そしてもっと小さなつぶやきを書き留めている。「も、今夜、もどいやったね。何となく、とぜん（寂しい）もんよ」

逝った人と食べものでいつまでもつながる母と娘。ともに生きる地域で食でつながる山ヶ野の人びと。忘却は時に救いではあるが、この世には忘れられないことがある。忘れてならぬことがある。山ヶ野集落は、史跡に託し、絵巻に託し、思いを残す人びとが暮らす村だった。

4　美しい村など、はじめからあったわけではない
――長野県李平から秋山郷へ（２００７年11月）

(1)『秋山紀行』の「限界集落」

「限界集落」ときいて思い出すテレビ番組がある。長野信越放送が制作放送した「平吉さんの李平《すももだいら》」というドキュメンタリー。私はそれをある映像審査会で見た。残念ながら入賞しなかったが、心に沁みるよい作品だった。かつて13戸あった村が、昭和40年代に国が進めた集落整備事業という名のもとに廃村化。それに悩み迷いながらもついに村人は山を下りる決心をしたが、住みなれた故郷の地は捨て難く、30年以上も夏の間は山に戻り、今なお1軒、農業を続けている84歳の平吉さんと妻ふぢ子さん。その李平の日々が静かに描かれていた。実は山形にあった私の村も同じ頃に、同じ事情で9軒の村人全員が山を下りた。そして平吉さんのように春から秋まで山に戻り、老いてなお農に励む村人がいた。映像の中で平吉じいさんがつぶやいていた。

「もう体がもたねぇ。まだ息を引き取るってぇところまではいってねぇと思うが。来年はわからん。百姓辞めればパタッといっちまうかもしれねぇ」

　耳に残る平吉さんのつぶやき。重なるわが故郷の廃村の風景。それに促されて長野県小川村李平へと向かう。

澄んだ空気に包まれた平吉さんの李平の家。ここに通う限り、村はなくならない

いくつもの山と谷を越え、北アルプスを望む尾根筋近くにある小さな集落、李平。ここは標高1000m近くにありながら、春になると野生の李の花が咲くことからそう呼ばれてきた。だが、会いたい平吉さん夫婦は不在だった。しかし畑から家までの通い道はていねいに草が刈られ、玄関には「清水平吉」の表札がしっかりと掲げられていた。畑仕事にひと区切りついて、猛暑の夏を稼ぎ抜いた身体をねぎらうために温泉にでも行ったのだろうか。裏山の畑には野沢菜の双葉たちが律儀に整列して主人の帰りを待っていた。しばしその姿を眺めながら、村々に「限界集落」というレッテルを貼る前に、問うておかなければならないことがある、と思った。「暖かくなったら山に登り、寒くなったら下っていく。だが、いつも山の家を思っている」。テレビの中の平吉さんのつぶやきが聞こえてくる。ここを希望の地と思い、それをあきらめない人がいる限り「限界集落」はないのではないか。

　李平をあとに隣村の旧鬼無里村まで下りてくると、稲刈りの準備をする老人に出会った。「農業は欲さえ

79年間、土に生きてきてなお健在。旧鬼無里村にて

出さなければこんないい仕事はない。田5反、畑5反。ナス、キュウリ、トマト、ピーマン……。昔のようにはいかないが、作物たちに相手をしてもらって79歳の今もなんとか夫婦２人でやってます」と、ニッコリ。もうひとりの平吉さんに会えたような気がした。

　じつは長野には、もうひとつ訪ねたい村があった。『北越雪譜』で知られる江戸期の文人、鈴木牧之があこがれた信州秋山郷。今から１８０年前の旧暦9月8日、越後塩沢の鈴木牧之は信越国境にまたがる秘境、秋山郷に足を踏み入れた。標高２０００mを超す苗場山、鳥甲山の峡谷沿いに点在する小さな集落。半年を４mの雪に閉ざされ、里人との交流もない孤絶の村の暮らし。厳しい風土で営まれた過酷な歴史。そして平家谷の落人伝説。そんな秋山郷にまつわる話を旧友、十返舎一九と交わせば、ぜひそれを1冊の書にして世に問おうとそそのかされる。それらを背負っての、鈴木牧之58歳の秋山探訪だった。

　その記録『秋山記行』を読めば、どうやら牧之は今風に言うならば、秋山郷を「限界集落」と受けとめていたふしがある。しかし実際に村を訪ねて人に会ううちに、そうした思惑がいかに浮薄なものかを思い知らされる。あまりに無警戒な村人の暮らしぶりを不審に思った牧之がその理由を問えば、「ここには盗人はまったくおらず、家に盗賊が押し入った話もない。畑の作物も盗られたことはない。ばくちも、酒も、道楽もない。また庄屋殿への土地所有の争いごともなく、ただただ夜も昼も仕事をするだけの土地です」と答える村人。そして誰もがそのように暮らしている。その姿に出会うたびに牧之の心が変化していく。そしてこう書き留める。「秋山の人は身なりこそ見すぼらしいが、それを気にする様子もなく、おっとりとしていて、里人と付き合うでもなく、人生をのんびりと楽しく過ごそうとする心はうらやましい。とても里暮らしのわれわれには真似ができない」と感心し、「いささかの争いごともなく、本当に充ち足りた賢者の村だ」と。

１８０年前の『秋山記行』には秘境探訪にありがちな誇張は少ない。私も2日間ながら信州秋山郷の5つの集落を訪ね、何人かの人びとに話をうかがい、不思議なことに牧之と同様の思いを抱いた。むろん食事も身なりも生活のほとんどは牧之の時代の面影は薄い。しかし働く姿に『秋山記行』が生きていた。老女は1日かけていっしんに屋敷まわりの雑草を抜いてあきず、老人は田んぼの石垣の労苦をいたわるかのように、石のすき間から伸びた草をとっていた。そして気がつけばその仕事ぶりは、この2人だけに限らず、共同墓所で、道端で、杉木立の中で、そして畑のあちこちで手入れする姿があった。久しぶりに柳田國男の言葉が思い出された。

「美しい村など、はじめからあったわけではない。そこに住む人が、美しく住もうと努めて、はじめて美しい村になるのである」
　その言葉を今なお生き続ける村と村人に出会えた。

(2) 石碑群が語るもの

　しかし、私が出会った秋山郷の人びとは、それが人に対する礼節であるかのように寡黙だった。だがそのかわりに集落のたくさんの石仏・石碑群が語りかけてくれる。秋山郷のある栄村の調査資料によれば、村内には９２４基の石造文化財があるという。地蔵菩薩、庚申塔、青面金剛、二十三夜塔、観音菩薩、馬頭観音……。刻まれたのは秋山郷の信仰心の深さだけではない。辺境を生きた人びとの喜怒哀楽が刻み残された。屋敷集落から北へ一本道を行くと栗の木の下に墓石、石仏が並んでいる。ここは秋山郷のルーツの村、大秋山村の８軒の村跡であり墓所である。この村は天明の飢饉で全滅した。それだけではない。６軒の矢櫃村も甘酒村も全員が餓死した。和山村では男女２人だけがかろうじて生き残った。その２人が結婚して現在の和山集落の先祖になったのだという。小赤沢集落の入口に庚申塔が立っている。その下に稲田にかこまれてヒエとアワが作付けされている。その様子から今なお飢饉や不測時に備えて貯えを忘れない秋山郷の暮らしの心がほの見える。

　秋山郷は高い山々に陽の光が遮られて夕暮れが早い。そのためか「半日村」と呼ばれてきた。畑仕事を切り上げた老人から庚申講の話を聞いた。今でも庚申講は隔月に開かれているという。その夜はみな夜明しをする。眠らないためにさまざまな話をする。世間話から悩みごと。愚痴や悪口も許されるという。「でも、そうして話し合っていると互いの心根が見えてくる。それがこの村の支え協力する力になっている」と。そうしてこうつけ加えた。「二十夜さんもありがたいもんだよ。毎月旧暦23日の夜にみんなで月を拝む。月は暗夜でも道を照らしてくれる。日が暮れても道をまちがえずに家に帰れるよ。山稼ぎの俺たちにはありがたいお月さんだよ」——秋山郷の人びとから聞く話は、たとえ断片的にではあれ、不思議と心に深く届く。だが、秋山郷の人びとと暮らしについては、私ごときの急ぎ足の印象記よりも、やはり鈴木牧之をして語るのがよいように思われる。人びとは現代にあっても牧之の『秋山記行』を裏切らないのだから。

石垣の雑草をていねいに抜く。その営みが美しい村をつくる

「宿の老人も今年79歳だが、毎日暑さ寒さをものともせず、山仕事に明け暮れる健康さである。よくよく考えれ

標高2037mの鳥甲山の谷間に秋山郷の集落は点在している

ばわれわれ文明の中で暮らす里の者は、さまざまな悩みを身心にため、欲望をほしいままにし、鳥や魚の肉を食べ散らかし、悩みや悲しみで心を迷わして、日々暮らしているのではないか。（中略）ここ秋山の人こそ神のように長寿である。自然のままに生活し、天から授かった土地の産物であるトチやナラの実、アワやヒエなどを常食とし、慎ましく暮らして飲酒もしない。正直一途で夜戸締りもせず、昔の聖代の面影も感じられる。年貢も少しですむという。手足が動く間は、山の畑で働き、雨露も風霜ものともしない。できることなら私も一度はこの秋山の猿飛橋の絶景に庵を結び、中津川の清流で命の洗濯をしたいものである」

５　「おなか仕事」という言葉が生きる村

——新潟県山北町（２００８年１月）

(1) 若き宮本常一と出会った人の孫

新潟県山北町の山村で若い人たちと村の将来について話し合っていたとき、ひとりの青年からこうたずねられた。「4年前に亡くなった俺のじいさんが『昔、オレは宮本常一とこの村で会って話をしたことがある』と言っていたが、本当だろうか。不便で人家も少ないこんな山奥の村まで、あの宮本さんはやってきたんだろうか。俺にはどうしても酒好きだったじいさんのホラ話のように思えてならないのだが……」と。

長年あちこちの村を訪ね歩いていて、土地土地の老人たちから話を聞く機会は多いが、若者と話すことは少ない。ましてその口から民俗学者「宮本常一」の名を聞くことはまずない。それが、あろうことか、若き日の宮本常一と会話した人の孫に出会うとは！　青年の名は板垣真君、30歳。山北町中継集落に生まれ、祖父の鉄雄さんに鍛えられ愛され、高校の林業科を出て地元の森林組合に勤めて13年になる。宮本常一と現代の山村を生きる若者との不思議な縁。思えば宮本も『村の若者たち』を励まし続けていた。及ばずながら私も山北町へ通い、その後塵を拝したい。

戦争への足音高まる昭和15年11月、33歳の宮本常一は皇紀２６００年祭に浮き立つ東京をふり払うかのように、ひとり上野駅から本格的民俗調査をするべく越後村上へと旅立った。のちに宮本は当時をふり返り『民俗学の旅』にこう記している。

「11月には村上から歩き始めて湯殿、羽黒、鳥海山麓、男鹿、津軽、下北、八戸、遠野、福島県東部を歩いて年の暮れに東京へ帰った。途中は汽車を利用したが歩き始めると歩けるところまで歩いた。そうした旅には知人のいることは少ない。だから旅に出て最初によい人に出あうまでは全く心が重い。しかし1日も歩いているときっとよい人に出会う」

越後村上から歩き始めた宮本常一が最初に出会ったよい人とは誰か。それは山北町中継集落の板垣真君のおじいさん、その人ではなかったのか。私は真君にたずねられ、触発されて手元の文献を調べ、そう確信した。宮本はこの旅のすぐあとに『葡萄山北民俗採訪記』をまとめている。それによれば「北黒川の村はずれから炭を負いに行く若い男と一緒になる。朝から学校へ行ったが、誰も行っていないので、これから山へ行くとのことである。よい道連れができたので何かと聞きながら行く。若い男は親切で何くれとなく話してくれる。昔の人と今の人とどちらが働きが激しかろうかと聞くと『そりゃア今だ』という。何もかも不便なように仕向けられて、その上仕事は倍加だ。炭焼きしても4、5年前の倍近くは焼いていようが、一体それでは足りぬというのはどうしたことだと若い男はいう。荒川をすぎてカリヤス峠の手前から男と別れた」とある。働いても働いてもよくならぬ暮らし。昔より今のほうが仕事に余裕がないと宮本に訴える若者。当時、カリヤス峠付近で炭を焼いていた家は1軒。真君の祖父、板垣鉄雄さん。まだ16歳の若者だった。なぜ時代は人の懸命の労苦に酬いることができぬのか、と問う若き鉄雄さんに宮本常一は答えることができない。ただその後ろ姿を見送りながら「思えば紀元２６００年はきわめて多くの問題をはらんだ年である。それを何人も意識している。この山中の人も真剣に考えている。人手不足で、かつ山仕事の多い所でここには女の消防団もできている。そういう村で、なおこの苦難を越えていかねばならぬ。われわれに背負わされた苦難はわれわれ自身が排除するよりほか途はないのである」と書きとめ、格差社会の矛盾を胸に深く受けとめる。

板垣真君が「じいさんのホラ話か」と疑った宮本常一との出会いは本当であり、かつ根源的な会話だった。私はさらにそれを裏づけるべく資料にあたると、昭和15年に宮本が山北町で撮影した10葉ほどの写真が見つかった。そこには村の風景、野良着姿の女性たち、村長や紀元２６００年祭で日の丸の旗をもつ村の少年少女、そして数々の農具と生活用具が写っていた。戦災でほとんどの資料を焼失した宮本の手元に奇跡的に残った戦前の写真だった。私はそれを板垣真君に届けた。真君はそれを拡大して、村の敬老会で祖父と同世代の人びとに見せたという。昭和15年の記憶を取り戻し、山に生きてきた日々を語る老人たちの目が久しぶりに輝いたという。祖父母たちはどのような時代を生き、どのように働いてきたのか。山の暮らしに不安はなかったのか。それをどう乗り越えたのか。真君たちは宮本常一を手がかりに、自分たちが生きる山の暮らしのこれからを、祖父母たちのこれまでと重ね合わせながら模索しているように思った。

腰にナタ、手に大鎌をもち、村人それぞれに火勢を見守る

(2) 焼畑と鮭のコド漁の村

夏、山北町の若者たちから焼畑を見に来ませんか、と誘いの手紙が届いた。山北町は今ではほとんどの山村から消えてしまった焼畑農業が残る町である。今年も8月だけで町内40か所で焼畑が行なわれた。その面積は10町歩にも及ぶという。8月11日、2つの集落の焼畑を見た。焼畑は個人や家族だけで行なうことは少ない。集落の家族が共同して行なう。まずは日中、炎天下に杉を伐採して杉枝や草だけになった山の斜面を整え、火入れの準備をする。女たちは火が外にもれないように1~2間幅の火切りの火防帯をつくる。夕暮れになり風が弱まるのを待って、皆で山の神、火の神に山をあまさぬようにと水と酒を供えて祈る。「山をあます」とは火事を出すことで、焼畑では風に細心の注意が払われる。風向き、風の強さを

十分に判断し、さあ、火入れ。斜面上部につけられた火が煙とともに徐々に燃え広がる。火勢が増すにつれ、こちらは興奮して冷静さを失うが、村人は風を読み、火の流れを冷静に判断し、火が耕す畑を静かに見守る。夜に火を入れるのは、風が弱く、火が飛び出してもよく見え、夜霧が火勢をおさえてくれるという焼畑の知恵。数時間闇夜に燃えさかった火も、やがて勢いはおとろえ、山焼きは終わった。

首尾よく終わった労をねぎらう酒宴の翌朝、まだくすぶる煙が立ちこめる焼けあとに、下から上へと全員でカブの種をまく。なんともシンプルな農法だが、虫が死に灰が肥料となって、これだけでカブが育つという。かつてはこの焼畑でアワ、ヒエ、キビ、麦、大豆、小豆などの穀類、ダイコン、カブ、サトイモ、ゴボウなどの根菜類、灯火と食用のエゴマ、衣類を織る麻など、暮らしに必要なものがつくられたという。今なお変わらずに焼畑を生業とする山北町。だが注意を払いたいのは農法ではなく、作業と分配の共同性。山北町には「おなか仕事」という言葉が今も生きている。「おなか」とは仲間の意。共同で山を焼き種をまき、そのあとに均等に境界線を引き、クジ引きで収穫場所を決める。収穫は個別作業だが、あくまでもルールは均等に、平等にが基本である。この原則は焼畑に限らない。山熊田集落では今でも何人かで山菜採りに出かけたら、各人の収穫の多少を問題にせず、すべてをまとめて参加人数で均等に分かち合うという。「この地は協助の風が強い」と、かつて宮本常一が記した村の流儀が今なお失われてはいない。

火入れ、種まきから12週がたった11月3日、カブの収穫を見に再び山北町へ。山の斜面は緑の葉で

7反ほどの焼畑が、緑のカブ畑に生まれ変わった

おおわれていた。神様が野に置いたように丸々とした赤カブが育っていた。割り当てられた場所で老夫婦が食べ頃に育った紫紅の果実を摘み取っていく。この作業が雪が降るまで毎日続くという。そしてその後ろ姿が冬に備える暮らしとは何かを静かに伝えてくれる。

山北町の夕暮れの帰り道。大川の河口では鮭のコド漁をする人びとの姿があった。コド漁とは、産卵に戻った鮭が休む箱型の装置をつくり、ここに入った鮭を鉤で引っかけて獲る山北町だけに残る古式の漁法である。一網打尽の鮭漁の世に、なお鮭との古式のつき合い方を変えぬ人びとが住む山北町。古式の漁法に固執しているわけではない。鮭は売って儲けるという考えをとらないのである。鮭はかつて神の魚と言われた。飢饉のとき、律儀に戻ってくる鮭に何度その命を救われたか。その記憶を忘れないのである。山北町には7か所に今でも鮭の千本供養塔が立っている。そして浜には、鮭を千本獲ることは人間を1人殺したことと同じだという言い伝えが生きている。山が海にせまって急傾斜する地形。常に強い北西風が吹きつけ波濤が襲う沿岸。耕地は総面積の2.3%と少なく、93%を占める山林には2mを超す積雪。その自然と地勢の厳しさ、険しさがこの町の人びとの暮らしと精神を鍛えたのだろうか——。

厳しい風土に生きる人びとと暮らしを愛してやまなかった宮本常一。その人に、そっと伝えてみたい。あなたが大切だと説いてまわった村の暮らしの基本は、ここ山北町のあちこちに、静かに、そして力強く生き続け、若者たちに受け継がれようとしていますよ、と。

いつもより遡上の遅い鮭を待つ、伝統のコド漁

6　慈しみ育てあげたる自助の村

——宮崎県高千穂町（２００８年３月）

（1）懐深い高千穂の「青い山」

30年も前のことだが学生時代の友人に頼まれて、日本を貧乏旅行するイスラエルの女性を1日泊めたことがある。むろんたいしたもてなしも会話もできたわけではない。しかし世界をさすらいながら何かを探し求めていることだけは伝わってきた。画家を志しているという彼女に日本の印象をたずねると「各地を巡り歩いて一番よかったところは九州の高千穂です」と答え、「あそこには本当に神様がいると思います」と言った。そのとき私の中に高千穂という名が鮮やかに刻まれた。だが、訪ねる機会はなかった。そして２００４年、ようやくにして高千穂に行くことができた。

人並にあちこちを見物して宿に戻り、近くの飲み屋に入ると突然、見覚えのある女性から声をかけられた。わが住む街仙台の、なじみというほどではない飲み屋の女主人である。初めて訪ねた土地で同郷の人と遭う不思議。聞けば先頃、長年連れ添った夫を亡くしたという。その悲しみと淋しさからぬけだそうと各地を旅して、ここ高千穂にたどりつき、この町の魅力にとらえられ、もうひと月以上も居すわってしまった、と笑った。

高千穂の何がさすらう人の心をとらえるのか。

分け入っても　分け入っても　青い山

出家得度し堂守に収まったはずの種田山頭火も、その暮らしを捨て一鉢一笠の旅に出て高千穂に来て、7年間折っていた俳句の最初の一筆をこの地で詠んだ。この代表句には「大正15年4月、解くすべもない惑ひを背負うて、行乞流転の旅に出た」という前書きが付されている。人は解くすべもない惑いをかかえて一所不在の旅に出るものらしい。その旅人たちに懐深い高千穂の「青い山」が救いとなったのか。

惑いの浅い私には推察しかねるが、しかし、青い山にも人の暮らしはある。木を植え田畑を耕し一生懸命に生きる人びとがいる。その人びとにも喜怒哀楽、そして惑いも悩みもある。たとえば「俺はこれからもこの小さな村で生きてゆかねばならぬのか」「山仕事や農稼ぎだけでは暮らしてゆけぬ」と。この問もまた解き難いのではあるまいか。各地の農山漁村を訪ね、人に会いたくさんの話を聞きながら思うことは、小さな村で生きていくことの難しさ。人びとは懸命に生きながらも、ゆらいでいた。しかし、ここ高千穂では、ほかにくらべて、そのゆらぎが少ないように感じる。何がゆれる心を受けとめてくれるのか。それが知りたく何度も通ってみた。

周知のとおり高千穂は天孫降臨神話の里として知られる。毎年11月から2月まで集落ごとに夜を徹して奉納される夜神楽は神話を裏づける伝統文化の極北として人びとを魅了している。古きものより新しきものに流れる現代の風潮のなかで、伝統文化はつねに解体の危機と背中合わせ。私も村々でたくさんの伝統文化が過去形で語られるのを聞いてきた。そんななかで高千穂はどのようにして伝統を守りぬいてきたのか。その手がかりが、この町の五ケ村《ごかむら》地区にある「神楽の館」という神楽宿兼農家民宿の移築保存の物語にうかがえるような気がする。この建物は道路拡幅で解体されようとしていた築１３０年の古民家を、「失ってはならぬ大切なもの」と思いを同じくする9戸の農家が思案して各々50万円を出資し、不足分は唐傘連判状の連帯保証で借金をし、１８００万円かけて完成させたものである。工事もすべて農業のかたわらに培った大工と造園業の、自らの力と技で行なった。

私は訪れるたびにここに泊り、それを担った老人たちと酒を飲み話を聞くのを楽しみにしている。そのたびに彼らの村のこれからを思う気持ちの深さ、互いを思うつながりの強さを感じる。なぜ人びとの絆は崩れないのか。

(2) 唄に暮らしがある、暮らしから唄が生まれる

秋の気配深まる朝、別れ際に老人のひとりが高千穂民謡「刈干切唄」を歌ってくれた。

ここの山の　刈干しゃ　すんだよ
明日は　田んぼで　稲　刈ろかよ
屋根は茅葺き　茅壁なれどよ

強い神楽面、太い腕。野に生きる人びとによって徹夜で演じられる仮面の神話劇

昔ながらの　千木を置く

かつて刈干しをした山に向かって朗々と無伴奏で歌われる「刈干切唄」。ゆっくりと大鎌で刈り払うその姿が浮かぶようなゆるやかなテンポ。唄に暮らしがある。暮らしから唄が生まれる。その唄で働き、その唄で励まし合い、その唄で育った。そんな思いが胸の奥までしみ込んできた。刈干切唄は、厳しい労働を励ましいたわる仕事唄であると同時に、仲間唄でもあると思った。その思いが響き合うところを村というのかもしれない。

２００７年、師走15日には浅ヶ部という集落で夜神楽を観せてもらった。夜神楽は刈干しと秋の収穫が終わり、祖母山頂を樹氷がおおう頃から20ほどの集落で始まる氏神様の祭り。秋の収穫への感謝、冬の太陽復活・鎮魂儀礼、春の

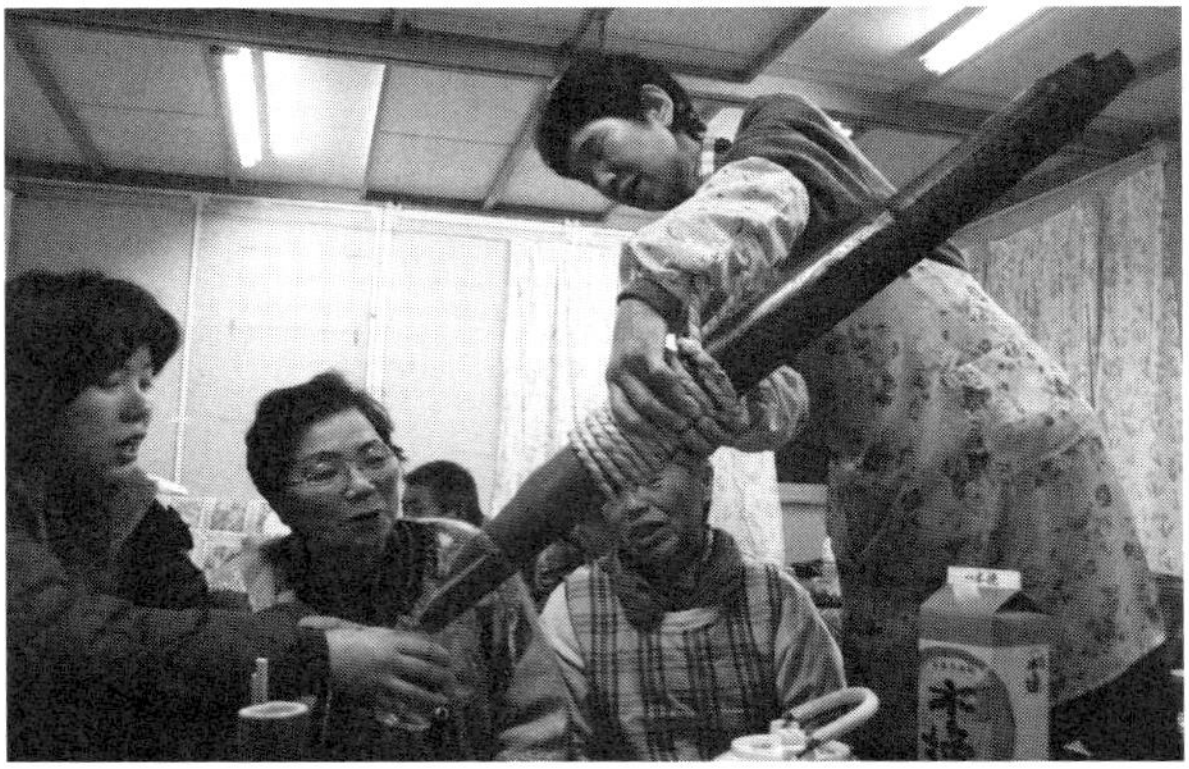

一夜氏子の見物人にも「カッポ酒」がふるまわれる

豊穣の予祝として、氏神様を里の神楽宿に招き、夜を徹して三十三番の神楽を奉納する。神楽宿の二間四方の神庭《こうにわ》には注連や彫物という切り紙飾りが掛けられ、「ほしゃどん」と呼ばれる神楽の舞い手の村人が、杉登、地割、山森、御神体、御柴などの演目を次々と舞い踊る。神楽について何ほどのことも知らない私には、その意味、その心を受けとめることはできないが、「面《おもて》様」と称される力強い造型の神楽面と、簡素な衣裳をまとった「ほしゃどん」たちの野太い腕が織りなす所作の数々には圧倒される。楽器は2人の叩き手によるひとつの大太鼓とひとりの横笛奏者のみ。ただそれだけなのに夜更けの管弦楽に聞こえるのは幻聴か？　夜を徹した濃密な高千穂の舞台劇。それを受けとめる体力は、一夜氏子の私にはない。引き下がって別屋に移れば、それを見透かすように台所方が「カッポ酒」と「煮しめ」を笑いながらふるまってくれた。

(3) 自然もまた神である

浅ヶ部の夜神楽が終わった昼近く、尾谷という47戸の小さな集落の日神楽を観に出かけた。日神楽は故あって略式にその日だけの願成就にする奉納神楽であるが、その心は変わらない。ここでは幸いに、その始まりの「神迎え」の式から見学することができた。

宮司と十数人の氏子が山の上にある赤石神社に出かけ、神様を迎える儀式を行なう。どこの神社でもある、ありふれた儀式と思っていたが、式を終えての宮司のあいさつに心がゆさぶられた。宮司の名は後藤俊彦さん。高千穂88社の総社、1800年前に創建された高千穂神社の宮司であった。

「日本人が外国人に伝えたいけれど、向こうの人に理解しにくいことのひとつに、自然もまた神であるという考え方があります。キリスト教、ユダヤ教、イスラム教の人たちは、自然は人

「自然もまた神なり」と静かに説く後藤俊彦宮司の言葉を氏子もしかと受け止める

赤石神社の氏神様をかついで集落に下る氏子たち。これから神楽宿へと向かう

間が利するために神がつくって与えたものだという気があるので、どうしても自分たちより低く見て、ひとつの生活手段としてしか見ていません。日本人は故郷の山や川を父なる山、母なる川として、そこからの恵みに感謝し、朝夕に手を合わせながら暮らしてきました。そして祖先は亡くなったあと、故郷を見おろす高い山に鎮まり自分たちを見守っているという信仰をもっていたから、山を信仰する心が生まれ、やがて鎮守の森を大切に守るという考えになりました。これは外国の宗教、教会の方々には理解し難いようですが、今日の環境問題などを思うにつけ、私たちの祖先の心のあり方はまちがいではなく、人間もまた自然の一部であるというきわめて高い精神性をもち、感謝と畏敬の念で幸せに生きてきた祖先の姿は、むしろ子孫に伝えるべき大切なことだと気づかされます」

「自然もまた神である」。しばしば耳にする言葉も小さな村の小さな神社で自然を相手に生きる村人と一緒に聞いていると心の中にしみわたってくる。宮司の言葉はさらに続く。

「よく都市と地方、農村の格差が指摘されます。たしかに経済的には大きな差がありますが、しかし私たちには恵まれた自然、地域の人びと同士が支え合い、助け合う、いわば地域力というものをもっているわけで、それを大切に生きていくことも大事と思います。皆様も赤石神社を誇りとし心の支えとして、先人たちが力を合わせてつくってきたこのすばらしい地域を子孫のために残しておかれますよう、さらなる地域の繁栄を祈念して例祭の式典を終わらせていただきます。おめでとうございました」

あたりまえのことを語っていて含意の深い宮司の言葉をかみしめながら山を下りて、神楽が奉納される公民館に戻ると、庭に記念碑があり、こう刻まれていた。

慈しみ育てあげたる　自助の村　今咲きいでし　花をたたえん

その公民館は昔日の青少年が夜間や休日に縄ない、茅おろし、薪伐りなどをし、その労賃をためて建てたものだという。高千穂には村で生きていくための大切なものが静かに積み上げられている。そして、人が生きていくうえで大切なものとは何か。それをみんなで確かめるのが祭りなのだということをあらためて知る。

7　農に寄せる若者たちの思い
――北海道上川町（２００８年７月）

（1）「かむつみ」からのメッセージ

農的な生活への道を模索する若者たちが増えている。「農業白書」などの公的データは、増えたといってもまだ1万人ほどではないかと軽んじているが、農業に寄せる若者の関心は思いのほか広くて深い。それを裏づけるように、北海道庁の就農相談のホームページへのアクセス数は、１９９９年は９０００件ほどだったのが、２００６年には30倍の27万件ほどに増えている。

私の身近にも農を志す若者が増えている。奥塚恵美さんという若い女性もそのひとり。奥塚さんは私が非常勤講師をしている宮城教育大学を昨年卒業したのだが、就職はせず、在学中に知った宮城県内の農家で研修を重ね、この春、出身地札幌市に戻り、本格的に農業法人で働き始めた。毎朝5時、自宅から車で1時間かけて札幌郊外の農場に通い、早朝から農作業に汗を流している。列島各地を訪ねる私の旅先にも最近、農山村の老農たちにまじって若者の姿を見かけるようになってきた。いずれも農とは無縁だった都会育ちの若者である。

なぜ彼らは都市を離れて農的生活をめざすのか。それが気になっていた。そんな矢先の2年前の春、北海道上川町の３人の若者からメッセージを手渡された。京都の大学を同窓とする３人は、キャンパス内にある小さな農園で出会い、農の魅力に目覚め、三重県、北海道などで5年の農業研修をし、上川町で農業法人「かむつみ」を立ち上げる予定だという。その思いを綴ったメッセージには深く感じさせるものがあった。世間ではお気軽な田舎暮らしの情報や団塊世代の定年帰農論があふれていた。

「少しずつ農の夢に近づいているような気がします」と、奥塚恵美さん

そんななかで受け取った農に寄せる若者たちの真っ直ぐなメッセージ。

「私たちの目的は『本当の豊かさ』を取り戻すことです。本当の豊かさとは何でしょうか。私たちはそれを『自然と調和した、シンプルな生活』と考えます。上川町の風土の恵みを生かし切る、手作りの喜びに満ちた、簡素で質素な生活です。それを実現するために、農薬と化学肥料を使わない、有機農法・自然農法を、私たちは職業として選びました。（中略）『かむつみ』は営利を第一の目的にしていません。3人の所得は収益の7割とし、残りの3割を『かむつみ基金』として積み立て、私たちの利益ではなく、法人活動の充実と地域全体のために使いたいと思います。金銭は社会生活を円滑にするツールであって、それ以上のものではありません。しかし『他人よりも多く』と欲張るために、この世の中は、相も変わらず弱肉強食です。最近の言葉で言うなら『勝ち組・負け組』ですが、そういう原始的な価値観に突つき回されるのはご免です。清く貧しく暮らそうというのではありません。経済的にも余裕のある生活をするつもりですが、その余裕は、より多くの収入を得ることによってではなく、日々の生活をよりシンプルにすることによって生み出すのです。そうしなければ、生きることさえむずかしくなる世の中が、いずれ必ずやってきます。私たちはこの町に、次の時代を幸せに生きるための小さなモデルをつくりたい。農業はそれを実現するための中核となるツールです。私たちは種を蒔きます。その種が、いつか大輪の花を咲かせ、やがて百の実を結ぶことを願って」（２００６年、旧暦３月３日）

なぜ私たちは農を志したのか――それをストレートに語る彼らのメッセージを読みながら、私は集団不登校の中学生の反乱を描いた村上龍の小説『希望の国のエクソダス』の、主人公の中学生がおとなたちに問うセリフを思い出した。

「この国には何でもある。本当にいろいろなものがあります。だが、希望だけがない」

近年、もっともリアルに響き、心に残る言葉である。だが、そんな国でも人は希望をもたずに生きていくのは難しい。小説の主人公たちが脱出先として北海道を選んだように、３人の若者も北の大地に向かったのだろうか。ひさしぶりに「かむつみ」に連絡をとった。果たして電話の向こう側で、３人のひとり、三栖《みす》康嗣君が言った。「残念ですが、あとの２人は昨年末、ここから出て行きました」。３人に何があったのか。２人はなぜやめたのか。残った三栖君はどうするのか。さまざまな思いがかけめぐった。人はうろたえると勝手な解釈をして保身をするものらしい。人生にはよくあることだよ、挫折しない夢などない、などとつまらぬなぐさめの言葉が浮かぶ。人なみに馬齢を重ねれば経験というぜい肉がじゃまをする。解釈をせず、若者の声に耳を傾けようと思った。

(2) 現代の開拓者

上川町に向かう前に札幌の奥塚さんを訪ねた。働いている農園を案内してくれた。「ここは大規模単一栽培の北海道には珍しく、１６０種類もの作物を育てているんです。自然農法が中心で種も自家採取。植物の力を引き出して生命力の強い野菜をつくっています。仕事はたいへんだけれど毎日が楽しくておもしろい」と屈託のない笑顔で説明してくれた。農園主が用意してくれた昼食を食べながら、あらためて奥塚さんに農業を選んだ理由をたずねてみた。

「学生時代、デイサービスを手伝い、ケアを受ける老人たちの姿を見たんです。なんだかせつなくてショックでした。ところが農家を手伝っていると、畑で働くお年寄りは元気なんです。とても輝いているんです。私もこんな年寄りになりたいと思いました。それで農業にハマったのかな」

人生の手本となるべき人間像を失ってひさしいこの国で、黙々と土の上に生きて働いて、なお輝きを失わない祖父母たちの世代。その姿に自分の将来像を重ねて農を志す奥塚恵美さん。上川町の若者はどうだろうか。

札幌から車で北へ3時間。さすがに北海道、5月半ばというのに大雪山系には雪がたっぷりと残り、

「拾っても拾っても石ころだらけの畑です」と笑い飛ばす三栖康嗣君。「かむつみ」とは「神つ実」＝邪気を払う果物「桃」の意。上川町を桃源郷にとの願いを込めた

吹く風は寒い。ひさしぶりに会った三栖君。早速3人で耕した農場を案内してくれた。ここが3人が希望の種をまこうと開墾した1haほどの大地。「でも長年使っていなかったので石ころだらけ。昨年は石拾いに追われる毎日だった」と指差す先には3人が集めた石が小さな万里の長城のように積まれていた。耕せば埋まっていた石で耕耘機のボルトが折れた。こんな荒地で作物は育つのか。そんな心配を吹きとばし、遅れて植えたジャガイモさえたくましく育った。自然の力、作物の強さに励まされ、カボチャ、トウモロコシ、麦類、豆類、雑穀と次々に挑戦した。むろん動物被害に悩まされ落ち込む日も多かったが、気持ちを奮ってソーラー発電の電気柵を張り、育苗ハウスを建て、井戸を掘って水を確保した。

悪戦苦闘の日々を明るくふり返る三栖君が「今、このあたりで農業をやっているのは僕ひとりです。でも困ったときに相談する農業仲間が隣町の当麻町にいます。じつは今夜、その3人が遊びに来ます。彼らも試行錯誤の毎日です。よかったら一緒に飯でもどうですか」と誘ってくれた。すでに

宿は旭川にとっていたが、今夜は現代の開拓者の話が聞きたい。

（3）山を登り続ける若者たち

それぞれの農業の苦労を語ってなお明るい４人の若者
（左から三栖君、梶沼君、藤原君、石川君）

夜7時、陽焼けした3人が加わり、三栖君手づくりの豆料理の数々を食べながら話がはずんだ。農の道を選んだのはなぜか？「10年前、やがて食料危機が来ると言われ、これからは農業だと思った」と言う藤原君。東京でコンピューターのエンジニアだった梶沼君は「朝、地下鉄に乗り会社へ行き、夜遅くにアパートに戻る毎日。太陽を見ない生活。結局、もちませんでした」と語る。「フリーターでいろいろな仕事をしても、どれも頑張る気になれなかった。一生を生きる仕事は、と突き詰めると、家族を守れる仕事は農業しかなかった」と石川君。「都会にいると自分の中が自分でいっぱいになり苦しい。でも広い畑で仕事をしていると、自分が解けて小さくなり心が軽くなる。そのとき、自分は幸せだと感じる」と三栖君。

そして農業の道を登山に喩えて若者たちが口々に言う。「たいていの人は、親も、そんな山は登るなと言う」「実際に登る人は少なく、山を下りる人ばかり」「実際に登ってみれば厳しいだけではないよさがある」「食をつくる仕事は人間存在の本源をつかさどるという自負がある」「万人に理解されなくていい。わかってくれる人に向かって農業をしたい」——揺れながら悩みながら山を登り続けようとする若者たちの喜怒哀楽の物語は、夜更けまで尽きることがなかった。

最後に三栖君に、なぜ2人の仲間が去ったのかを聞いてみた。「研修と自分でやる農業はちがう。作物とつきあうのが農業。実際にやれば休みは雨の日ぐらい。でも彼らはどうしても休みがほしかった。そのジレンマが理由だと自分は思う。でも、2人には本当に感謝している。僕ひとりではここまで来れなかった」とふり返り、「豊かな時代に育ったからでしょうか、僕は生きる力が弱いと思う。僕のじいさん、ばあさんは強かった。なんでも自分でつくり、あんなに働いても愚痴を言わなかった。僕もそんな力を身につけたいんです」と、微笑んだ。その言葉に静かに頷く3人の若者たち。その言葉、札幌の奥塚さんにも伝えたいと思った。

８　その手にはイチゴの苗がにぎられていた
――宮城県栗原市耕英地区（２００８年11月）

（1）一瞬にして崩れた60年の営みの現場

２００８年６月14日、午前８時43分。岩手・宮城県境の山岳地帯をマグニチュード7.2の大地震が襲った。震度６強。私の住む仙台の街も大きくゆさぶられた。99％の確率で起きると予想されていた「宮城県沖地震」。それがついにやってきたのかと誰もが思ったにちがいない。しかし震源地は海ではなく、宮城、岩手、秋田の三県にまたがる栗駒山付近。震源の深さはわずかに８㎞、直下型の地震だった。

テレビから次々に送られてくる現場の映像はすさまじいものだった。山が大きくえぐり取られ、緑の森林は崩落し、むき出しの岩場に変わっていた。道路はねじれ、寸断され、土石流が見覚えのある山の温泉宿を押し流していた。土砂に埋まり何人もの犠牲者が出た。想像を絶する惨状がすぐ近くで起きていた。

標高１６２８ｍの栗駒山。この山ふところのあちこちには、私の友人知人たちが暮らしている。しかし道路は断たれ、集落は孤立していた。そのひとつに41世帯１０４人が暮らす耕英地区がある。ここには古くからの友人、菅原耕一さんがいる。何度も電話をかけたが通じない。ようやく２日目の夜

いたるところに無残な爪あとが残っていた

に連絡がとれた。電話の向こうから、うめくように悲痛な言葉が返ってきた。「何もかも壊れてしまった！　もうダメです！」。涙声がふるえていた。反射的に「あきらめるな！」とわれ知らず叫んでしまっていた。

菅原耕一さん、56歳。この人には恩義がある。かつて私の息子が教師をやめ、迷いながら農業の道を歩もうとしていたとき、「俺も、ようやく50歳にして農業がおもしろくなってきたよ」と明るく笑って励まし、肩を押すように「これを植えてごらん」と大切なイチゴの苗を分けてくれた。

菅原さんの農業、それは並大抵の道のりではない。耕英地区は戦後開拓の地。１９４７年、満州から引き揚げてきた28戸の入植者によって開拓が始まった。当時、耕英は樹海広がる未踏の森。標高５００～９００ｍの入植地は、夏の最高気温が20度の高冷地。春は強風と多雨。霧深く日照時間の短い夏。秋の長雨と10月からの霜。そして半年に及ぶ2mの深雪。生きるためとはいえ、厳しい気象条件下の徒手空拳の開拓だった。繁茂するものはブナの原生林と高山植物ばかり。どこにでも生えるオオバコさえも育たぬ土地柄。「早くススキが生えるような土地にしたい」というのが開拓者たちの夢だった。唯一の収入源は炭焼き。木炭を背負って8kmの山道を下り、食料と交換した。1年を待たず28戸中13戸が開拓地を去った。

日々迷いながらのギリギリの開拓生活。それを脱してこの地で生きていくためには、どうしても農業を根づかせなくてはならない。しかし、ここは強酸性の土壌広がる山岳地帯。悪戦苦闘の土づくり、試行錯誤の作物栽培。それをコツコツと積み重ね、ようやく高原イチゴとダイコンが暮らしを支える作物に育っていった。不毛の大地を農地につくり変え、過酷な自然条件を克服して築きあげた耕英開拓地の農業。その60年に及ぶ営みの現場が、一瞬にして潰滅的打撃を受け、崩れた。メディアを通じて日々伝えられる耕英地区の惨状。もうこの地で二度と農業をやることはあるまい、いや、やれないだろう。それほどに被害はすさまじいものだった。

あれは地震発生から何日目のことだったろうか。テレビには、ようやくヘリコプターによる一時帰宅が認められた耕英地区の人びとの姿が映っていた。倒壊したわが家、崩れた農地。みな、なすすべなく呆然と佇んでいた。やがてつかのまの帰宅が終わり、再びヘリコプターに乗り込み戻る村人のなかに、菅原さんの姿があった。なんと、その手にはイチゴの苗がにぎられている。イチゴは親たち開拓一世が必死にこの地に根づかせた命の作物。それは46年間育て受け継いできた開拓農業のシンボル。それを見て、こみあげてくるものをおさえられなかった。そして思った。「この人は、農をあきらめてはいない」と。

「山に帰りたい！　俺たちに残されている時間は少ないんだ！」

長引く避難所暮らし。募る農作物への思い。すでに80歳を超えた開拓一世たちの願いが届いたのか、急ピッチの災害復旧によって道路が改修され、週に3回の一時帰宅が許可されるようになった。むろん安全な場所ではない。いつまた地震や地すべりが起きるかわからない。朝8時、役場で入山を申請し、ゲートで入出をチェックされるという制限されたものではあるが、人びとは山に通い、荒れはてた農地を掘り返し、伸びた雑草を刈り払った。

(2) 将来を語り合う仲間を得て

地震発生から１００日を迎えようとする9月半ば、菅原耕一さんに頼んで耕英地区に連れていってもらった。山に向かう道はまだねじれ歪み、普段なら車で20分で行けるところを40分かけて登った。いたるところに生々しい崩落のあとがある。菅原さんの住居は傾いていた。戸がはずれ、ガラスが割れ、家財道具が散乱した部屋は、手がつけられないままにあった。落ちて時刻が止まったままの柱時計。開拓時代を伝える錆びた大きなノコギリ。さまざまな農機具……。それらを見やりながら菅原さんは「誰が悪いわけではない。自然をうらんでも仕方がない」とつぶやいた。

菅原さんに案内されて、山が崩れた現場を見た。幅１km、深さ１４０mにわたって東京ドーム40杯分の土砂が一瞬にして崩落したという荒砥沢ダム周辺。道路が消え、むき出しになった岩肌。足が震えて止まらなかった。山かげに一軒の農家が奇跡的に残っていた。しかし長年かけて切り拓き、ダイコンやイチゴを育ててきた屋敷前に広がる畑は、無惨にも押し流されていた。すでにテレビや新聞で伝えられた光景であるが、生の現場の迫力は筆舌に尽くし難い。どんな言葉も思い浮かばず、ただただ眼前の実景に圧倒されていた。懸命に撮ったはずの写真さえ、真を伝える力はないと思った。

　菅原さんの奥さんが「今年最後のイチゴかも」と摘みとってきてくれたイチゴをいただいた。酸っぱくて甘く、なつかしい味がした。耕英農業の基幹作物ともいうべきこの高原イチゴは、じつは地震の翌日が初出荷の日だった。出来も上々だった。期待がふくらんでいた。しかし一瞬にしてダメになった。「今年1月に亡くなった親父から受け継いだイチゴです。どんなことがあっても絶やしてはならないと思いました」と、一時帰宅のヘリコプターでイチゴの苗を抱えて運んだ当時の気持ちを話してくれた。草だらけになったイチ

傷ついたイチゴをいたわるように手入れする菅原さんの奥さん

「くりこま高原自然学校」の若いスタッフも再建に向けて動き始めた

ゴ畑で雑草を刈る菅原さん。慈しむようにイチゴに話しかける奥さん。人は絶望の淵に突き落とされても、なおたくましく、静かに立ち上がっていくものなのか。

菅原さんの近所で「くりこま高原自然学校」という自然体験を通した環境教育を行なっている佐々木豊志さんが、スタッフの3人の若者たちとやってきた。佐々木さんも大きな被害を受けたが、もう一度再建しようと準備をすすめている。「これからは自然や環境教育だけでなく、農の大切さを子どもや若者たちに伝えていきたい。そのためには耕英の農家との連携を一層強いものにしたい」と語る。その言葉に何度も深くうなずく3人の若者たち。身をのり出して農の大切さを説く菅原さん。「みんなまだ住居や生活再建のことで頭がいっぱいで、先のことなど考える余裕はないが、今日はひさしぶりに若い人たちと一緒に将来のことを話し合うことができた。嬉しいよ」と笑った。

さて、一時帰宅の制限時間が近づいた。「ちょっと待っててください。急いで花を摘んできますから」と駆け出していった菅原さん。追いかければ、ハウスの中に白いカスミソウが咲いていた。

地震直前の早朝に植えたカスミソウが花を咲かせた

「このカスミソウは、地震がくる3時間ほど前の早朝に植えたものなんです。ときどきしか手をかけられなかったのに、地震にも負けず、3か月でしっかりと育ってくれました」

菅原さんはこの花を、昨日、92歳で亡くなった耕英地区の最高齢者の霊前に供えるのだという。

帰途、私は5年前に聞いたひとりの老人の言葉を思い出していた。宮城県旧高清水町の鎌田行衛さん、87歳。鎌田さんは、戦後開拓の指導員として耕英地区に通い続けた。あまりの過酷さに開拓をあきらめ、たくさんの人びとが入植地を去ったとき、「あきらめかける開拓者にどんな指導をしたのか」と問えば、しばしふり返るように目をつむり、やがて「将来を語って励ました。そうするより手だてはなかった」と答えた。鎌田さんによれば、人間はまず健康であること。丈夫で働いた人は必ずいつかはよくなるものだ。開拓者同士の支え合いも大事だが、将来に対する信仰心がなければ頑張れないものだという。46年前、耕英開拓に希望のあかりをつけた高原イチゴ栽培も、鎌田さんの、将来を語り合うなかから生まれた。「将来を語って励ます」。私も耕英の新たな将来を語る輪の中に入ろうと思う。

9　小さきを軽んぜず、それをつなげて力にせよ！
——能登半島・輪島市（２００９年７月）

（1）のとはやさしや土までも

4年ほど前、半島地域の振興策をさぐる調査チームの一員として能登半島を訪ねたことがある。課題を背負わされての急ぎ足の旅である。何ほどのものを見たわけではない。ただひとつ、ひと気のない奥能登の古びた食堂で見かけたポスターの、「のとはやさしや土までも」というフレーズが心に残った。もとより能登という言葉には旅情を誘う不思議な響きがある。いつかゆっくりと歩いてみたい。「輪島の朝市」「舳倉島」「土豪・時国家」「白米《しろよね》の千枚田」……。そんな言葉に出会うたびに能登への思いがかきたてられた。

半島とは何か——。海に長く突き出した陸地、というのが辞書的説明であるが、わが国にはそうした地勢をもつ半島地域が国土面積の10%ほどを占めている。三方を海に囲まれ、山がちな地形であれば、可住地面積、耕作可能地ともに少なく、ために人口密度は全国平均の2倍を超えるという。山と

海辺ぎりぎりまで拓かれた棚田の白眉、白米の千枚田。波打ち際はかつての塩田跡

海に挟まれて、限りある平地に集まって暮らしてきた半島地域。ときあたかも世界同時不況下の日本。失業、貧困。展望見えない経済再生の道。環境・資源問題。ささやかれる食料危機……。生存と生活の基盤がますます制限されていくかに見えるこの国で、人はどう生きていけばよいのか。誰もが不安を抱え、抜け出す道を探しあぐねている。そんな時代に能登を訪ねる。旅情にひたってばかりはいられまい。遊山の衣を脱ぎ捨て、厳しい風土の中で半島の人びとはどのように生きてきたのか。そして限られた条件をどう克服し、やさしい能登をつくりあげようとしたのか。その手がかりを学ぶ旅になるのではあるまいか。まずは奥能登外浦、海辺の棚田へと向かう。

　輪島市内から海岸線を東に8㎞。ここに海辺ギリギリにまで拓かれた「白米の千枚田」があ

毎朝夕に１枚１枚、棚田の水門を調整管理

る。棚田の白眉、とさえ言われるその景観は訪れる者を圧倒する。海岸段丘の斜面に、老人の肌の皺のように田の畔が曲がりくねって重なり合っている。ひとつとして同じ形の田んぼはない。1.2haの広さに１００４枚の小さな水田があるという。まさに千枚田。田一枚の広さは平均で0.1a、約3坪。畳一枚の広さにも満たない田がいくつもある。私なりに各地の棚田を見てきたつもりだが、これほど小さな田が集まっているところは初めて見た。しかしそれにしても、なぜこんな小さな田を一枚、一枚と拓いていかねばならなかったのか。そしてどれほどの歳月と労力が費やされたのか。私にも迷いながら農の道を歩む息子がいる。さまざまな思いがかけめぐり、胸がつまった。

　白米地区は中世の頃から塩づくりを生業とする寒村だった。江戸期には13軒が塩づくりをするまでになったが、やがて瀬戸内海の新製法の安価な塩が出まわると後退戦を余儀なくされる。それを補うために村人総出で山の水源近くに井堰をつくり、水路を築いて少しずつ田んぼの面積を広げていった。ローム層の地すべり地帯を保全する役割もあったのかもしれない。調査資料『棚田の謎』（ＴＥＭ研究所著、農文協刊）によれば、明治12年、24戸の白米村には6.8ha、８０００枚近くの小さな棚田があったという。とすれば現在私たちが見ている白米の棚田はその一部にすぎない。そして調査資料は、この棚田ができるまでの年月を２５２年と推定している。さらにそこに投資された労力を現代の工事費に換算すると、労賃だけで28億円になると推定している。あらためて、人が住みつき村をなし、米をつくってその土地を生きるために費やした歳月と労力を思う。棚田の一枚一枚には、一所に覚悟を定め、ここを懸命に生きようとした白米の人びとの喜怒哀楽がかたちとなって反映しているのではないか。田を拓き、米を手にすることでゆれる心がおさまり、村を生きていく自信が生まれていったのではなかろうか。

（２）日本で一番労力のかかる米づくり

夕暮れの棚田にひとりの老人がやってきた。鵜島智さん、75歳。棚田の水はつながってつねに流れている。畦越しの水が水門《みと》と呼ばれる落とし口を少しずつ崩していく。石を置き、泥で調節し、一枚一枚チェックしていく。棚田の米づくりは田植え、稲刈りだけが大変なのではない。毎朝夕の止水と通水の水管理が欠かせない。機械が使えぬ代かき、畦塗り。7、8回に及ぶ急斜面の草刈り。想像をこえた労力に支えられて棚田は美しさを保っているのである。

鵜島さんは25歳でこの村に養子に入り、以来50年、石工の出稼ぎをしながら米をつくり続けてきた。今年も5月の連休に田植えを終えた。田の数は１５０枚ほどあるが、全部合わせても20ａ少々か。とても米づくりで食べてはいけない。それゆえか白米地区13軒の農家のうち、現在も耕作しているのは4軒だけ。それもすべて70歳以上の高齢者であるという。あとは「千枚田景勝保存会」のボランティアや棚田オーナー制度でかろうじて維持しているのが現状だ。「日本で一番労力のかかる米づくりかもしれませんね」と鵜島さんに声をかければ、「何百年も前の先祖と同じやり方の米づくり、進歩がないね」と笑いながら、「ほら」と指さす先にわずか9株の小さな田があった。風にふるえる9株の苗。しばし言葉が出なかった。気を取り直して聞いてみた。「この9株の田からどれほどの米がとれるでしょうか」。しばし考えて鵜島さん。「俺と女房の１日分の米にもならないな」とポツリ。そして「10年前までは俺と女房で５００枚の田で米をつくったもんだが、その女房も……」と声を落とした。10年前、鵜島さんの奥さんが脳梗塞で倒れた。以来、介護をしながらの米づくりを続けている。

小さな農業と農家を切り捨て、自己保身に迷走する日本農政にゆさぶられながら、なお報われぬ米づくりをやめないのはなぜか。鵜島さんに思い切って聞いてみた。

「こんな辺ぴなところまで、小さな棚田が見たいとやってくるたくさんの人がいる。その人たちのためにも、やめるわけにはいかない」

見上げれば棚田を見下ろす国道沿いに、カメラを構える十数人の観光客がいた。人に先がけて鵜島さんが連休に田植えをやるのは、こうした人びとへの配慮からである。別れ際、鵜島さんが言った。

「輪島の朝市は見たかい? あそこもここの棚田と同じようなもんさ。小さな店が集まって１０００

年も続いている」――「小さきを軽んぜず、それをつなげて力にせよ！」。私なりに受けとめた白米の千枚田と鵜島さんからのメッセージである。

（３）輪島女の意気地

翌日、輪島の朝市に出かけた。１２００年続く伝統の朝市である。世間はこの市を観光市だという。だがそれは一面の見方である。海に突き出た能登半島は５７０kmに及ぶ長い海岸線をもつ。津々浦々に小さな漁の営みがある。能登はまた丘陵地ゆえに山ひだが多く、小さな谷で農の営みがある。海の定置網のように産物は多彩ではあるが大量ではない。山の山菜のように、手間ひま惜しまぬ女たちが季節の少量の産物を日々に持ち寄る場が市となった。売られているのは干物・乾物、海藻、小魚、数種の山菜と漬物。庭先に咲いた少量の花だけの店もある。商業のにおいは薄く、その日の恵みをまっすぐに届け交換する女の生活市である。それでも海の大漁、畑の豊作のときは、さすがに市だけではさばき切れない。男たちが頑張って獲ってきた魚だもの、１匹だってムダにはすまいと、行商用のリヤカーを引いて町中歩いて売りさばく。座して待つのは能登の流儀ではない。輪島塗さえ、塗師たちが漆器をかついで村々を行商したから全国へと広がったのである。

輪島朝市の由来を伝える立札があった。「輪島の女は働き者という定評があり、『亭主の一人や二人、養えない女は、女の風上にも置けぬ甲斐性なしだ』と自負しているのが輪島女の意気地」とある。朝市をぬけて漁師町、海士町を歩いてみた。どの家の軒下にも干物がぶら下がっている。女た

朝市のひとつひとつの店は小さいが、それらが集まって暮らしの市のにぎわいとなる。仲間との会話も楽しい

ちが引く行商のリヤカーが何台も出かけていく。ふと見ると、ひと仕事終えたのだろうか、かつての番屋らしい建物の前で、老女が6人話し込んでいる。いつまでたっても会話は尽きることがないのか、笑い、怒り、嘆き、そしてまた笑う。輪島女の意気地を胸に生きてきた老女たち。その姿から、精一杯に働いた者だけがもつ絆のようなものが伝わってくる。米づくりをあきらめない棚田の老農。そして能登の女たちのたくましさ。

　自然に寄り添う能登の暮らしから生まれた「のとはやさしや土までも」。静かに深くしみじみと、心に届いた。

【初出一覧】

第1章　1（農文協「増刊現代農業」2001年5月号『地域から変わる日本　地元学とは何か』）、2（同2000年8月号『日本的ガーデニングのすすめ』）、3（同2004年2月号『土建の帰農』）、4（同2004年11月号『なつかしい未来へ』）

第2章　1（農文協「地域資源活用食品加工総覧」第1巻）、2（同第2巻）、3（「増刊現代農業」2006年2月号『畑カフェ　田んぼレストラン』）

第3章　1（「増刊現代農業」2007年2月号『脱・格差社会』）、2（同2007年8月号『いま、米と田んぼが面白い』）、3（同2007年11月号『脱グローバリゼーション』）、4（同2009年2月号『金融危機を希望に転じる』）

第4章　1（「増刊現代農業」2005年5月号『「グリーンライフ」が始まった！』）、2（同2005年11月号『田園・里山ハローワーク』）、3（農文協『三澤勝衛著作集・風土の発見と創造4　暮らしと景観／三澤「風土学」私はこう読む』）

第5章　1（富士ゼロックス株式会社「グラフィケーション」掲載「列島を歩く」2）、2（同3）、3（同6）、4（同8）、5（同9）、6（同10）、7（同12）、8（同14）、9（同18）

【写真提供】

結城健太郎、小山厚子、宮城県丸森町商工会、同「大張物産センター・なんでもや」、宮城県大崎市・NPO法人「鳴子の米プロジェクト」

著者略歴

結城登美雄（ゆうきとみお）

1945年中国東北部（旧満州）生まれ。民俗研究家。山形大学人文学部卒業。宮城教育大学・東北大学大学院非常勤講師。仙台で広告会社経営に携わった後、東北各地をフィールドワーク。「地元学」の提唱や「食の文化祭」などの地域づくり活動で、1998年「NHK東北ふるさと賞」、2005年「芸術選奨・文部科学大臣賞（芸術振興部門）」受賞。

著書『山に暮らす　海に生きる　東北むら紀行』（1998年、無明舎出版）、『東北を歩く　小さな村の希望を旅する』（2008年、新宿書房）

シリーズ　地域の再生 1

地元学からの出発

この土地を生きた人びとの声に耳を傾ける

2009年11月25日　第 1 刷発行
2022年 9 月30日　第 5 刷発行

著　者　結城　登美雄

発行所　　社団法人　農 山 漁 村 文 化 協 会
〒107-8668　東京都港区赤坂 7 丁目 6－1
電話　03（3585）1141（営業）　03（3585）1145（編集）
FAX 03（3589）1387　　振替　00120-3-144478
URL　https://www.ruralnet.or.jp/

ISBN978-4-540-09214-5　　DTP制作／ふきの編集事務所
〈検印廃止〉　　印刷・製本／凸版印刷（株）

定価はカバーに表示

シリーズ　地域の再生（全21巻）

▼地域再生の意味をみんなで深め、共有するために

❶地元学からの出発
この土地を生きた人びとの声に耳を傾ける
結城登美雄

❷共同体の基礎理論
自然と人間の基層から
内山節

③自治と自給と地域主権
グローバリズムの終焉、農の復権
関曠野・藤澤雄一郎

❹食料主権のグランドデザイン
自由貿易に抗する日本と世界の新たな潮流
村田武・山本博史・早川治・松原豊彦・真嶋良孝・久野秀二・加藤好一

▼各種施策を地域になじませ、地域再生に生かす

⑤手づくり自治区の多様な展開
コミュニティの再生で元気な地域づくり
小田切徳美ほか

⑥自治の再生と地域間連携
大小相補の地方自治とむらまちづくり
保母武彦・村上博

❼進化する集落営農
新しい「社会的協同経営体」と農協の役割
楠本雅弘

⑧地域をひらく多様な経営体
農業ビジネスをむらに生かす
秋山邦裕・内山智裕・新開章司

⑨地域農業再生と農地制度
日本社会の錘＝むらと農地を守るために
原田純孝・田代洋一・楜沢能生・谷脇修・高橋寿一・安藤光義・岩崎由美子ほか

⑩農協は地域に何ができるか
販売を核に4つの特質を現代に生かす
農文協編

▼地域の個性に満ちた生活文化、知恵や伝承を現代に生かす

⑪家族・集落・女性のチカラ
集落の未来をひらく
徳野貞雄・柏尾珠紀

⓬場の教育
「土地に根ざす学び」の水脈
岩崎正弥・高野孝子

⑬遊び・祭り・祈りの力
現代のコモンズとローカル・アイデンティティ
菅豊・安室知・藤村美穂

⑭農村の福祉力
福祉の原点をここにみる
池上甲一

▼地域を支える仕事と地域産業おこしのために

⑮雇用と地域を創る直売所
人間復興の地域経済学
加藤光一

⓰水田活用新時代
減反・転作対応から地域産業興しの拠点へ
谷口信和・梅本雅・千田雅之・李侖美

⑰里山・遊休地をとらえなおす
現代に生かす伝統の知恵
野田公夫・守山弘・高橋佳孝・九鬼康彰

⑱森業―林業を超える生業の創出
関係性の再生が森を再生させる
家中茂ほか

⑲海業―漁業を超える生業の創出
海の資源・文化をフル活用する
婁小波

⑳有機農業の技術論
「つくる農業」から「できる農業」へ
中島紀一

㉑百姓学宣言
経済を中心にしない生き方
宇根豊

＊書名は変更する場合があります。
（白ヌキ数字は既刊）